Rudolf Koller

Inhaltsverzeichnis

Vorwort

Rudolf Koller ist der bedeutendste Tiermaler in der Schweizer Malerei des 19. Jahrhunderts. Mit mehr als vierzig Gemälden und über viertausend Zeichnungen und Studien aus allen Schaffensphasen besitzt das Kunsthaus die wohl grösste Sammlung von Werken des Künstlers. Rudolf Koller war Mitglied der Zürcher Künstlergesellschaft und deren Ehrenmitglied. Sein Atelier hatte er eine Zeit lang im alten Künstlergüetli, wo heute ein Teil des Kunsthauses steht, und in der «Hornau», am damals verwilderten Zürichhorn. Ob Blitz und Donner, Abendsonne am Zürichsee, Sommerhitze an den Hängen des Haslitals: Kollers Welt der Tiere – und Menschen – ist voll von erzählerischen Momenten, und nicht wenige seiner Werke sind zum festen Bestandteil eines typisch schweizerischen Bilderschatzes geworden.

Die Vontobel-Stiftung hat das Projekt massgeblich unterstützt. Dr. Hans Vontobel wie auch Elisabeth de Zeeuw gilt mein herzlicher Dank. Sabina Nänny und Susan Manthey haben Katalog und Ausstellung mit grosser professioneller Umsicht begleitet, und unsere Restaurierungsabteilung hat die Gemälde und Zeichnungen behutsam für diese Ausstellung vorbereitet. Unser herzlicher Dank geht an die Leihgeber in den Museen von Basel, Luzern, St. Gallen, Winterthur, an das Schweizerische Institut für Kunstwissenschaft, die Zentralbibliothek in Zürich und an private Sammler. Der Grosszügigkeit privater Sammler verdankt das Kunsthaus einen guten Teil seiner schönen Koller-Sammlung, die durch Geschenke, Legate und Ankäufe im Lauf von einhundert Jahren ihre stattliche Grösse und Qualität erreicht hat. Und nicht zuletzt bewahrt das Museum dankbar das grosse Konvolut von Gemälden und Skizzenbüchern, das Rudolf Koller dem Kunsthaus vermacht hat.

Dank

Öffentliche Kunstsammlung Basel:

Kupferstichkabinett, Kunstmuseum

Kunstmuseum Luzern

Kunstmuseum St. Gallen

Gottfried-Keller-Stiftung, Winterthur

Museum Oskar Reinhart am Stadtgarten, Winterthur

Schweizerisches Institut für Kunstwissenschaft, Zürich

Vontobel-Stiftung

Zentralbibliothek Zürich

privaten Leihgebern

und

Bernhard Mendes Bürgi

Peter Fischer

Christian Klemm

Yvonne Lehnherr

Christian Müller

Hannes B. Niggli

Mariantonia Reinhard-Felice

Marliese Stähli

Christoph Wehrli-Schneebeli

Roland Wäspe

Peter Wegmann

I

Rudolf Koller – Kuh und Mensch

Christoph Becker

Als Rudolf Koller um 1840 beschloss, Künstler zu werden, war in Zürich eine akademische Kunstausbildung nicht möglich, und die Stadt als kunstsinnig zu bezeichnen, wäre übertrieben. Koller hatte einen Onkel, Kaspar Koller, der sich als Landschaftsmaler versuchte und ihn unterrichtete, und glücklicherweise gab es Zeichenlehrer am eidgenössischen Polytechnikum, zum Beispiel Johann Jakob Ulrich (1798–1877), der ihn unter seine Fittiche nahm und mit den wenigen frei arbeitenden Malern bekannt machte, darunter Georg Ludwig Vogel (1788–1879), ein Vertreter der vom Patriotismus geprägten Historienmalerei. Koller lernte zeichnen, und er zeichnete viel, hauptsächlich Tiere. Sein Vater war Metzger und Wirt, und ein Stall war immer in der Nähe. Seine erste Reise unternahm er nach Stuttgart. Der Ankunftstag war der 17. Juni 1845, auf dem Marktplatz fand eine öffentliche Hinrichtung statt, die übrigens die letzte sein sollte. Kollers Weg führte zum königlichen Marstall. König Wilhelm I. von Württemberg hatte sich der Zucht arabischer Pferde verschrieben, und der junge Mann erhielt die Erlaubnis, im königlichen Gestüt Skizzen nach der Natur anzufertigen, wobei ihn die Gestütsknechte offenbar ehrfurchtsvoll mit «Herr Hofmaler» ansprachen, wohl wegen des Umstands, dass sich nur selten ein Künstler ohne besonderen Auftrag in die Ställe und auf die Weiden verirrte, wie etwa der echte Hofportraitist Johann Baptist Seele, der sich auf Portraits von arabischen Deckhengsten und schwäbischen Prinzessinnen spezialisiert hatte. Nach dem Stuttgarter Intermezzo gelangte Koller im Frühjahr 1846 mit einem Empfehlungsschreiben seines Lehrers und Mentors Ulrich nach Düsseldorf an die damals in Deutschland führende Kunstakademie in die Malklasse von Carl Ferdinand Sohn, dessen strikt akademischen Unterricht er aber bald als unzureichend empfand und einen Platz in der Meisterklasse ablehnte, weil er nach Paris wollte. Als im Herbst Arnold Böcklin nach Düsseldorf kam, freundeten sich die beiden an, und Böcklin sass Modell zu einem Portrait. Das «Bildnis Arnold Böcklin», 1847, zeigt Kollers malerisches Talent, aber die Richtung, die er seinem künstlerischen Schaffen geben sollte, schien ihm noch unklar, eine Spezialisierung auf ein bestimmtes Genre jedoch als unausweichlich. Ausgehend von der spätromantischen Landschaftsmalerei führten die Professoren der Düsseldorfer Akademie eine Debatte über die Erneuerung der Historienmalerei, also der Einbindung historischer Ereignisse in die damals zeitgenössische Kunst. Koller, der die Debatte aufmerksam verfolgte, beklagte selbstkritisch seine Bildungslücken, die er nicht mehr zu schliessen in der Lage sei, sodass ihm eine Spezialisierung auf die Historienmalerei verwehrt bleibe.

Mit Böcklin reiste er nach Brüssel, sah in der königlichen Galerie die flämische Tiermalerei des Barocks – und befand, man könne das besser machen. In Briefen an Ulrich beschwerte er sich über den «langweiligen Naturalismus» seiner Zeitgenossen und war dabei zweifellos von Böcklin beeinflusst; für seine eigene Kunst wollte er «Gemütlichkeit», «Heimeligkeit», und «Lichteffekte», alles Paradigmen der spätromantischen und spätbiedermeierlichen Malerei.

Im Jahr 1847 befand er sich in Paris und erhielt eine Kopierkarte für den Louvre, wo er sich fast täglich aufhielt. Seine persönliche Lage verschlechterte sich durch den Ausbruch der Februarrevolution 1848, und als seine Eltern die regelmässigen Zahlungen einstellten, kehrte er nach zweijähriger Wanderschaft Anfang Mai wieder nach Zürich zurück. Das Resultat des Pariser Aufenthaltes sind viele Kopien nach alten Meistern und wenig Eigenständiges, was seine Aufnahme in die Zürcher Künstlergesellschaft am 16. November 1848 jedoch nicht behinderte. Kollers ursprüngliches Talent, Tiere in unterschiedlichsten Positionen perspektivisch richtig zu zeichnen, hatte sich weiterentwickelt. (Das so genannte Künstlergüetli am Pfauen verfügte damals über einen Pferdestall, wo er häufig zeichnete.) Studienfahrten führten ihn zum Hasliberg, an den Walensee und nach Meiringen – Studien von Ziegen, Pferden und Hunden waren die malerische Ausbeute. Der Aufenthalt in München und Oberbayern in den Jahren 1849 bis 1851 brachte erste Anerkennung für die Tierstudien, aber auch eine Hinwendung zur Landschaftsmalerei, nicht zuletzt unter dem Einfluss von Robert Zünd (1827–1909), den er in München kennen lernte. Der lebenslangen Freundschaft[1] der Künstler verdanken wir einen Briefwechsel, der wesentliche Informationen zur Kunstauffassung der beiden enthält. Erst jetzt begann Koller eine eigene Kompositionstechnik zu entwickeln, indem er parallel an Landschaftsstudien und Studien nach lebenden Tieren arbeitete.

Inzwischen hatte Kollers Vater eine Wirtschaft im heimischen Oberstrass erworben, an die sich ein Stall anschloss, und nach seiner Rückkehr liess sich Koller nach dem Münchner Vorbild dort ein Malatelier einrichten. In regelmässigen Abständen besuchte er wieder das Haslital und den Hasliberg, wo sich eine kleine Künstlerkolonie zu entwickeln begann, nicht zuletzt weil alle Maler zu

Anfang der fünfziger Jahre in der Pension Ruf abstiegen, darunter auch der schon berühmte Alexandre Calame, der zusammen mit Zünd häufig im Freien skizzierte. Nun entfalteten sich die künstlerischen Errungenschaften der Düsseldorfer Zeit in Kompositionen wie der «Heuernte bei drohendem Gewitter», 1854 (Abb. 1) und «Botenwagen im Hohlweg» von 1855 im Kunstmuseum Basel. Die relativ kleinformatige «Heuernte», ein ganz im Atelier gemaltes Bild, enthält die ganze kompositorische Sorgfalt und das malerische Könnertum des jungen Künstlers. Die Hauptszene ist unter ein Dreieck gruppiert, dessen Spitze etwas nach links aus der Bildmitte gesetzt ist und die Hauptgruppe mit dem Knecht und den scheuenden Pferden nach rechts rückt. Die Figuren dieser Gruppe markieren durch Gesten und die langen Stiele der Feldwerkzeuge das Dreieck, dem an den Bildrändern zwei ähnliche Figurengruppen Halt geben. Die geschickte Verteilung von Licht und Schatten unterstützt den trotz der dramatischen Situation geordneten Eindruck.

Das Bild ist von den Vorlieben der Düsseldorfer Akademiekünstler geprägt, die das «Naturschauspiel vor tiefem Horizont» im übergrossen Format kultivierten. Auch der «Botenwagen» ist reine Genremalerei, indem Koller die virtuosen Studien der scheuenden Pferde mit dem anekdotischen Ereignis verknüpfte. Seine offenkundige Begabung hätte sich viele Felder erschliessen können, allen voran die Portraitmalerei. «Bertha Schlatter, die Braut des Künstlers», 1855 (Abb. 2) ist ein lebensgrosses

[1] 108 Briefe an Zünd in der Zentralbibliothek Zürich (Nachlass R. Koller 105.6) geben einen umfassenden Einblick in die intensive menschliche und künstlerische Beziehung.

Abb. 1 Heuernte bei drohendem Gewitter, 1854. Öl auf Leinwand, 108 x 167 cm. Leihgabe, 1920.

Dreiviertelportrait, in dem das Licht auffallenderweise von oben einfällt. Die junge Frau in grossbürgerlichem Kostüm ist in dem für alle Stände verbindlichen repräsentativen Stil mit der koloristischen Subtilität des späten Biedermeiers gemalt, und die unaufdringliche Eleganz verrät etwas von dem Selbstbewusstsein des Malers und seiner künftigen Frau. Das für die Zürcher Portraitmalerei des 19. Jahrhunderts bedeutende Bild ist in Kollers Schaffen eine Ausnahme, denn später nahm er nur widerwillig Aufträge an und schuf auch innerhalb der Familie und seines Freundeskreises sehr wenige Portraits. Gelegenheiten hatte es genug, denn Koller begann in den fünfziger Jahren in den grossbürgerlichen und intellektuellen Kreisen Zürichs zu verkehren. Im Jahr 1855 lernte er Jacob Burckhardt (1818–1897) kennen, und 1856 besuchte ihn erstmals Gottfried Keller (1819–1890) im Atelier in Oberstrass. Bei den kulturell tonangebenden Wesendoncks[2] waren Kollers regelmässig zu Gast, trafen dort auf den Architekten Gottfried Semper und Richard Wagner und schlossen Bekanntschaft mit dem damals gefeierten Pianisten Theodor Kirchner. Neben der intensiven Arbeit in den beiden Ateliers im Künstlergüetli und in Oberstrass waren die Aufenthalte im Gebirge prägend. 1857 und 1858 lebte Koller mit Malerfreunden in der Richisau unter einfachen Bedingungen in einer Sennhütte. Nun verband ihn eine enge Freundschaft mit Ernst Stückelberg (1831–1903). Vergleicht man den «Heuwagen» von 1856 (Abb. 3) mit der zwei Jahre zuvor entstandenen

[2] Wesendonck erwarb mehrere Bilder von Koller, der darüber in seinen Briefen an Zünd und Böcklin berichtet. Das Geld verwendete Koller zur Finanzierung seiner Reisen.

Abb. 2 Bertha Schlatter, die Braut des Künstlers, 1855.
Öl auf Leinwand, 116 x 85 cm.
Geschenk der Gattin des Künstlers, 1905.

«Heuernte bei drohendem Gewitter» (Abb. 1), so ist die akademische Dramatisierung zur bukolischen Heiterkeit gemildert. Das Bild ist reine Malerei des Spätbiedermeiers und trifft Kollers jugendliche Paradigmen «Heimeligkeit» und «Lichteffekte» recht genau. Nach der Mitte der fünfziger Jahre spielt die Landschaftsmalerei eine stärkere Rolle. Der «Gletscher am Sustenpass», 1856 (Abb. 4) gibt die kompakten Eismassen in breiten Pinselzügen wieder, und die effektvolle Verteilung von Licht und Schatten, die gelungene Wolkenstudie wie der Verzicht auf anekdotische Elemente sind Indizien, dass Koller begonnen hatte, im Freien zu arbeiten. Neben den Landschaftsstudien stehen sehr präzise Naturbeobachtungen wie die «Ahornstudie aus Richisau», 1857 (Abb. 5), die im Sommer des Jahres entstand, während eines Ausfluges mit Gustav Heinrich Ott und Johann Gottfried Steffan, der ausdrücklich dieser Art Naturstudien dienen sollte.[3] Die «Krautstudie», 1857 (Abb. 6) ist eines der ersten Beispiele, dass die durchkomponierten und gefirnissten Bilder sowohl als eigenständige Werke gesehen werden sollten wie auch in anderen Kompositionen Verwendung finden konnten. Die «Krautstudie» machte Karriere in einem von Kollers bekanntesten Bildern.

Als in München 1857 die «Deutsche und historische Ausstellung» stattfand, schickte Koller die «Kuh im Krautgarten» aus dem gleichen Jahr (Abb. 7), und das Publikum war gleichermassen irritiert und amüsiert. Die grossstädtischen Betrachter waren von der Naturtreue der Darstellung beeindruckt und registrierten einen humoristischen Zug, der eine gewisse Distanz zwischen Maler und Modell verriet. Koller schrieb mehrfach an Zünd über die Münchner Erfahrungen und das reiche Kunstleben der Stadt.[4] Auffallenderweise sahen die deutschen Kritiker in Koller nicht einen Schweizer Maler, sondern den profilierten Tierportraitisten. Dass Koller für das breite Publikum später zu einem typisch schweizerischen Maler wurde, lag an der unterschiedlichen Erwartungshaltung. In München, wo ab 1860 Tiermaler wie Zügel oder Braith und Mali wirkten, hielten Kollers Bilder einen Vergleich in dieser Sparte mühelos aus. In Zürich fehlte dieses Umfeld, und die wenigen topographischen Andeutungen in den Tierbildern genügten dem Publikum, einen konkreten Ort von Kollers Kunst auszumachen. Der Themenkreis Voralpenlandschaft, Landwirtschaft und Tiere evozierte das Bild einer friedlich in sich ruhenden Welt, das tatsächlich von einem Städter geschaffen wurde, der sich wie ein Künstlertourist in den Bergen und Tälern aufhielt und zur rauen Lebenswirklichkeit der Bewohner auf Distanz blieb. Obwohl Koller den deutschen Genremaler Ludwig Knaus («– so schön und wahr gemalt!»[5]) bewunderte, enthielt er sich jeder Anbiederung an Lokalkolorit und Trachtenmalerei, sodass seine Werke auch ausserhalb des engen heimischen Betrachter- und Kundenkreises Gefallen fanden. Die grosse Studie «Friedli mit der Kuh» von 1858 (Abb. 8) ist ein Beispiel für einen fast sachlichen Naturalismus, den Koller in den Tier- und Figurenstudien kultivierte. Anders bei den grösseren Kompositionen: Zwei Jahre darauf ent-

[3] Koller an Zünd, 11. Juni 1857 (Zentralbibliothek Zürich, Nachlass R. Koller 105.6).
[4] Am 14.11.1858 (Zentralbibliothek Zürich, Nachlass R. Koller 105.6).
[5] Koller an Zünd, 31.6.1859 (Zentralbibliothek Zürich, Nachlass R. Koller 105.6).

Abb. 3 Heuwagen, 1856. Öl auf Leinwand, 84 x 108 cm. Geschenk E. Rüegg-Honegger, 1928.

Abb. 4 Gletscher am Sustenpass, Studie, 1856. Öl auf Leinwand, 65 x 81 cm. Leihgabe der Schweizerischen Eidgenossenschaft, 1898.

Abb. 5 Ahornstudie aus Richisau, 1857. Öl auf Leinwand, 82 x 101 cm. Leihgabe der Schweizerischen Eidgenossenschaft, 1898.

stand die «Mittagsruhe» (Abb. 9), die 1860 in Paris bei der jähr-
lichen Salonausstellung gezeigt wurde und dort Gustave Courbet auffiel, der die souveräne Verwendung von Licht und Schatten
und die fein ponderierten Farbkontraste lobte. Im Gegensatz
zu «Friedli mit der Kuh» ist die «Mittagsruhe» ein besonders sorgfältig komponiertes Alpenidyll, dessen religiöse Anspielungen –
die Muttergottes, die Ruhe auf der Flucht – es zu einem profanen
Andachtsbild machen: «Jedes Kunstwerk muss doch zuerst
gedacht und empfunden werden, und dann erst kommen die der
Natur abgeschriebenen Studien einem zu Hülfe»[6], erklärte
Koller das innige Gefühl, das solche Werke beim Publikum aus-
zulösen vermochten, die letztlich doch der Verknüpfung von
mehreren naturalistischen Tierstudien entsprangen. Koller war
sich bewusst, dass er Zürich regelmässig verlassen musste,
um seine Kunst weiterzuentwickeln. «Je länger, je mehr sehe ich
ein, dass das total Abgeschlossene für einen Künstler, und
für einen Künstler der grössten Fähigkeiten, nie nützlich oder
nur gleichgültig ist, es ist höchst schädlich. Wenigstens all
jährlich muss er in die Welt hinaus, und altes und neues ansehn.»[7]
Zwischen den Reisen verbrachte Koller seine Zeit in Zürich,
und das Refugium, das er sich dort schuf, machte einen ausser-
gewöhnlichen Eindruck. «Die eigentliche Landspitze des
Zürichhorns, angrenzend an Herrn Kollers Besitzung, ist ein Über-
rest des ursprünglichen Ufergeländes im idyllischen Zustande
vor der Zeit der Landanlagen und Kaibauten, als Schilf und Wei-
dicht mit den über das Wasser hängenden Fruchtbäumen ab-
wechselten.»[8] So beschrieb Gottfried Keller Kollers neuen Wir-
kungsort in Zürich. Das Malatelier in Oberstrass hatte Koller

aufgeben müssen, als der Vater 1862 das Anwesen verkaufte. Im
November erwarb er das grosse Grundstück am damals
verwilderten Zürichhorn, auf dem ein einfaches, aber geräumiges
Wohnhaus «Zur Hornau» stand. Koller hatte den Wunsch,
hauptsächlich im Freien zu arbeiten, und die kleine Bucht, in die
der Hornbach damals floss, bot «die besten Reflexstudien
aller Art» und genügend Platz für die Tiere. Nach weiteren Grund-
stückskäufen[9] machte er sich an den Umbau und die Ausstat-
tung des Hauses. Es enthielt zwei Wohnungen, zwei Ateliers mit
grossen Fenstern, einen geräumigen Stall und eine Remise
und später hatte es Gasanschluss, denn die Seefeldbebauung schritt
damals voran. Fotografien der neunziger Jahre zeigen den
alten Maler im geräumigen Atelier und in seinem im zeitgemässen
historistischen Geschmack ausgestatteten Salon («zehn Fuss
hoch!»), dessen Wände in dunklem Rot tapeziert waren und auf
den er besonders stolz war: «... der Eindruck sei aristokratisch,
sagen die Leut».[10]
Das farblich besonders harmonische Landschaftsbild «Am Zürichhorn», 1862 (Abb. 10) zeigt Kollers Anspruch, die zeitgleich in
Barbizon wirkenden Künstler zu erreichen, aber im Unterschied
zu den französischen Malern schlug er, mit Ausnahme solcher
reinen Landschaftsstudien, fast immer einen narrativen Ton an,

6 Koller an Zünd, 31.6.1859 (Zentralbibliothek Zürich, Nachlass R. Koller 105.6).
7 Koller an Zünd, 14.11.1858 (Zentralbibliothek Zürich, Nachlass R. Koller 105.6).
8 Zit. n. Keller 1881, S. 228.
9 In mehreren Briefen Kollers an Zünd, November 1862 (Zentralbibliothek
   Zürich, Nachlass R. Koller 105.6); Kaufverträge vom Dezember 1861 und Frühjahr
   1862 sowie die Baueingabe für ein «Badehäuschen» (1863) ebda. vorhanden.
10 Koller an Zünd, 14.11.1862 (Zentralbibliothek Zürich, Nachlass R. Koller 105.6).

Abb. 6 Krautstudie, 1857. Öl auf Leinwand, 81 x 100 cm. Leihgabe der Schweizerischen Eidgenossenschaft, 1898.

Abb. 7 Kuh im Krautgarten, um 1857/58. Öl auf Leinwand, 100 x 81 cm. Schenkung Franz Carl Weber, 1929.

Abb. 8 Friedli mit der Kuh, Studie, 1858. Öl auf Leinwand, 81 x 100 cm. Geschenk des Stadtrates, 1898.

Abb. 9 Mittagsruhe, 1860. Öl auf Leinwand, 150 x 181 cm. Erworben 1860.

indem er anekdotische Momente einfügte. «Ich bin zu gewissenhaft in den Details und Nebensachen, kann oft nicht den ersten Eindruck der Natur festhalten und verliere mich ins Unbedeutende.»[11] Diese Einzelstudien zählen zum Besten, was es in jener Zeit in der Schweizer Malerei gibt. Koller malte am Zürichhorn im Freien, oft an mehreren Staffeleien gleichzeitig und im hellsten Licht der Mittagssonne. Die gelegentlich matte Anmutung der Bilder ändert sich, wenn man sie starkem Licht aussetzt, denn was «in der Sonne gemalt wurde, leuchtet in der Sonne, sieht aber im Schatten fahl aus», bemerkte Gottfried Keller: «Er nahm falbe, fast farblose Tiere, zeichnete und modellierte sie feiner und geistreicher als je, liess sie aber auf mattem Boden grasen, graugrüne Weiden im Hintergrund, unter einem merkwürdig verschleierten Himmel. Alles dies war so gründlich studiert und die Gedämpftheit und Bescheidenheit so raffiniert durchgeführt, dass die Leute ernstlich an ein bedenkliches Gehenlassen, an Respektwidrigkeit, ja an ein merkliches Sinken zu glauben anfingen obgleich die so entstandenen Bilder, auch räumlich ins Kleine gezogen, gerade in ihrer Art zu den eigentümlichsten Arbeiten dieses Genres gehören.»[12] Was für die Naturstudien richtig beobachtet war, galt nicht für die grösser angelegten Kompositionen. Die «Idylle am Hasliberg», 1864 (Abb.11), im Kunstmuseum St.Gallen, ist eine sorgfältig geplante Atelierarbeit, eine ornamental wirkende Zusammenstellung von Figurengruppen, zu denen es ausgeführte Einzelgemälde gibt: Die «Idylle» als ein Konstrukt aus naturalistischen Elementen.

In dieser Zeit machten sich die Veränderungen in der Farbwahl bemerkbar, die durch eine Reise nach Paris im Mai 1865 aus-

gelöst wurden. «Das Bild muss sehr hell und aus einem durchgehenden Ton gemalt sein. Grün in Grün, Grau in Grau, Braun in Braun. Aber hell, furchtbar hell, weich und geistreich hingekleckst.»[13] Beim Besuch einer Ausstellung, wo er mit mehreren Werken vertreten war, schienen ihm seine Bilder mit einem Mal als «zu dunkel ausgeführt», und ab der Mitte der sechziger Jahre fällt die Aufhellung der Palette auf; es dominieren bei den Werken vom Zürichhorn nun Ocker, Gelb- und Grautöne und ein helles Braun. Koller legte mehr Gewicht auf die Untermalung, verwendete Lichtocker, roten Zinnober, Ultramarin und Weiss und deckte diese Schicht dünn mit Krapplack und Asphalt zu. Dieser letzte Schritt verschaffte den fertigen Bildern eine glänzende, satte Oberfläche. Der Eindruck ist zunächst hell, die Bilder dunkeln danach langsam ein, ein Prozess, der nicht rückgängig zu machen ist.[14] «Mädchen mit Rind», 1866 (Abb.12), ist ebenso wie «Auf der Weide», aus dem gleichen Jahr im Kunstmuseum Basel, eines dieser reizvollen, hellen Bilder, in denen Koller seine meisterliche Figurenmalerei vorführt. «Als Tiermaler kann ich das Landschaftliche nie aus den Studien kopieren, ich muss total frei damit umgehen. Aber ohne Studie ginge es auch nicht. Die Umgebung der Tiere ist für mich immer das Schwierigste.»[15] Wie intensiv sich Koller mit der

[11] Koller an seine Frau Bertha, Paris 1865, zit. n. Frey, Der Tiermaler Rudolf Koller, 1906, S. 95.
[12] Zit. n. Frey, Der Tiermaler Rudolf Koller, 1906, S. 97–98.
[13] Koller an Zünd, aus Paris, 28.5.1865 (Zentralbibliothek Zürich, Nachlass R. Koller 105.6).
[14] Vgl. dazu den Beitrag von Paul Pfister über Kollers Maltechnik.
[15] Koller an Zünd, 7.11.1867 (Zentralbibliothek Zürich, Nachlass R. Koller 105.6).

Abb. 10 Am Zürichhorn, Studie, 1862. Öl auf Leinwand, 65 x 81 cm. Erworben 1898.

Abb. 11 Idylle am Hasliberg, 1864. Öl auf Leinwand, 238 x 208 cm. Kunstmuseum St. Gallen, Schenkung Theodor Beck, 1866.

Gewichtung von Figur und Landschaft auseinander setzte, zeigt die «Herbstweide» von 1867 aus dem Museum Oskar Reinhart in Winterthur (Abb. 13), zu der das Kunsthaus die ausgeführten Studien «Die Kinder vom Hasliberg», 1865 (Abb. 14), «Zwei kosende Kälblein», 1867 (Abb. 15), «Liegende Kuh», 1863, und «Mutterschaf mit zwei Jungen», 1866, besitzt. Das fertige Bild enthält nicht nur all diese Einzelbilder als Ingredienzien, sondern verknüpft sie mit einer symbolischen Anspielung: Der dunkle Himmel und der schwarze Stier sind ein Hinweis auf das bevorstehende Ende des friedlichen Idylls im Vordergrund – so meint die «Umgebung der Tiere», von der Koller spricht, im übertragenen Sinn mehr als die landschaftliche Kulisse. Kollers Kunst hatte sich auf einem Niveau weiterentwickelt, das ihn unter seinen Zeitgenossen ebenso bekannt machte wie Stückelberg, Buchser, Zünd oder Böcklin, vor allem, wenn die Schweizer Maler ausserhalb ihres Heimatlandes auftraten. Zu Hause war die Situation schwieriger, und Klagen wie die folgende sind zahlreich: «Wir haben hier die schweizerische Turnusausstellung, die mir wieder einmal bittere Schmerzen verursachte. Ausser einigen wenigen Bildern, Böcklin, Zünd, Anker, hat's wenig Erfreuliches. Da ich abwesend war, habe ich das beinahe fertige Bild 'Der Abend' zum Ausstellen gegeben. Wie ich mir nun heute die Ausstellung besah, welcher Schreck! hängt mein Bild in aller Höhe derart, dass es unten von der Wand wegsteht und oben anliegt. Eine solche Hintansetzung betrachte ich als eine absichtliche Beleidigung. So geschieht's einem in seiner Vaterstadt; was kann man auswärts hoffen? Das Zündsche Bild hing im Vorplatz im Schatten. Über das Böcklinsche

Abb. 12 Mädchen mit Rind, 1866.
Öl auf Leinwand, 61 x 50 cm.
Legat H. Schulthess-von Meiss.

wird das dümmste Zeug geschwatzt. Kurzum, es graust mir vor unsern Kunstzuständen.»[16]

Nicht zuletzt wegen solcher «Zustände», aus deren Einschätzung auch Selbstbewusstsein und Eitelkeit sprechen, unternahm Koller regelmässig grössere Reisen, auch zu entfernten Zielen. Nach Italien führte ihn ein Zufall, da ein Angestellter bei einer Ausstellung in Wien den verlangten Preis für ein Bild versehentlich in Gulden statt in Franken angegeben und der Käufer anstandslos bezahlt hatte. Im November 1868 fuhr er nach Mailand, Florenz und schrieb begeistert über Rom und die Campagna.

Neben der «Ziegenherde am Strand von Porto d'Anzio» (1869, in der Stiftung Oskar Reinhart in Winterthur) ist das «Mittagsmahl auf dem Felde», 1869 (Abb. 16), im Besitz des Kunstmuseums Luzern, eines der wenigen in Rom ausgeführten Bilder, das sich durch das Hauptmotiv, den tiefen Horizont und die Lichtstimmung als Paraphrase auf Millets Bilder von Feldarbeitern verrät. In Italien empfing Koller Anregungen zur Lichtführung und Farbwahl zum einen durch das Studium der älteren Malerei, zum anderen durch seine Arbeit im Freien. Ein Reiseatelier im Gepäck, hielt er skizzierend viele Eindrücke fest, die zu Hause in grössere Bilder umgesetzt werden sollten. Ende Januar war er in Neapel, dann folgten Capri, Sorrent, Pompeji, der Weg zurück führte ins Albaner Gebirge bei Rom, und auf der Heimreise traf er im Juni in Parma zufällig Arnold Böcklin. Nach der Rückkehr steigert sich die künstlerische Produktivität, und es entstanden viele der grossformatigen Studien; die Staffeleien am Zürichhorn wurden noch zahlreicher und standen bis ins flache Wasser. Auch der Tierbestand wuchs, denn Koller kaufte und verkaufte Pferde und Rinder über Anzeigen in der Tagespresse, machte dabei aber nur selten ein gutes Geschäft. Neben der intensiven Arbeit im Freien fand im Kreis der Kollegen das Studium alter Meister durch einen Austausch von Reproduktionen statt, teils waren es Lithografien, teils so genannte Heliogravüren (Farblichtdrucke), wobei Koller sich über die künftige Bedeutung dieser noch relativ jungen Medien bewusst war – «Welche Tragweite für die jetzige Bildung!?»[17] war sein durchaus positives Urteil zur Reproduzierbarkeit der Kunst. Selbst fotografiert hat Koller jedoch nicht, aber er liess sich vor allem in späteren Jahren häufig ablichten, und eine grosse Zahl von Fotografien gehörten zum festen Bestandteil der Inneneinrichtung der «Hornau». Bedingt durch das stundenlange Malen bei hellstem Sonnenlicht machten sich schon 1869 Sehstörungen bemerkbar, vermutlich hervorgerufen durch eine teilweise Netzhautablösung. Erholung fand er erst 1872 auf einer Reise nach Genua, Nizza, Cannes und Marseille, während der «Junge mit Schimmel», 1872 (Abb. 17), entstand, eine frei und sicher in breiten Pinselzügen angelegte Komposition, die sich an antiken Reliefs orientiert und in fast emblematischer Verknappung die intensiv empfundene Schönheit Italiens symbolisiert. Als Koller zurückkehrte, auf der Höhe seiner künstlerischen Fähigkeiten, erreichte ihn der Auftrag, der ihn berühmt machen sollte. Die Direktion der Schweizerischen Nordostbahn suchte anlässlich der Verabschiedung

---

[16] Koller an Stückelberg, 17.11.1867 (Zentralbibliothek Zürich, Nachlass R. Koller 105.6).

[17] Koller an Zünd, 30.11.1869 (Zentralbibliothek Zürich, Nachlass R. Koller 105.6).

Abb. 13 Herbstweide, 1867. Öl auf Leinwand, 256 x 206 cm. Museum Oskar Reinhart am Stadtgarten, Winterthur.

Abb. 14 Kinder vom Hasliberg, Studie, 1865.
Öl auf Leinwand, 59 x 73,5 cm.
Leihgabe der Schweizerischen Eidgenossenschaft, 1898.

Abb. 15 Zwei kosende Kälblein (Studie zu «Herbstweide», 1867).
Öl auf Leinwand, 61 x 50 cm.
Legat Hans Baur-Sollberger, 1978.

Abb. 16 Mittagsmahl auf dem Felde, 1869.
Öl auf Leinwand, 132,5 x 195,5 cm.
Kunstmuseum Luzern, Depositum der Eidgenössischen Gottfried-Keller-Stiftung.

von Alfred Escher ein Geschenk, es sollte ein Gemälde mit einem Bezug zu den Verdiensten des Geehrten sein. Koller entschied sich für den Gotthard, dessen Untertunnelung Escher massgeblich initiiert hatte, und reiste mit seiner Frau auf den Pass, wo er im Hotel Monte Prosa abstieg, um erste Skizzen zu machen. Einzelne Studien belegen, dass ihm zunächst die Rast einer Reisegruppe an der Passhöhe vorschwebte, doch das Sujet erschien ihm nicht dramatisch genug; die Anekdote will es, dass seine Frau die Idee hatte, den Postwagen in voller Fahrt als Hauptmotiv zu verwenden. Es ist typisch für Koller, dass sich der kurze Entstehungs-prozess des Bildes im Jahr 1873 an den sorgfältig ausgeführten, gemalten Vorstudien nachvollziehen lässt. «Die Gotthard-strasse, Naturstudie» zeigt als Querformat die leere Passstrasse; das hochformatige Bild «Die zweispännige Gotthardpost» (Abb. 18) aus Privatbesitz bringt eine genaue Studie der Kutsche (noch nicht in voller Fahrt), die kleine «Erste Skizze zur Gott-hardpost» die Anlage der endgültigen Komposition. Gegenüber den beiden Vorstufen ist schliesslich «Die Gotthardpost», 1873 (Abb. 19) zugleich ein Pasticcio aus den Entwürfen und eine Erwei-terung um den anekdotischen Einfall des in Panik geratenen Kälbchens. Koller nahm zugunsten der Dramatisierung des Sujets eine Ungenauigkeit in Kauf: Die Kutsche, unmittelbar nach der fast völligen Kuhblockade auf der Fahrstrasse, so in Fahrt zu bringen, dürfte unmöglich gewesen sein. Durch den Kontrast zweier unterschiedlicher Bewegungsabläufe aus (tierischer) Lang-samkeit und (technischer) Geschwindigkeit erzielt er den gewünschten dramatischen Effekt. Da in beiden Bewegungsab-läufen Tiere eine Rolle spielen, wird die Kutsche zum Haupt-

Abb. 17 Junge mit Schimmel, Studie, 1872.
Öl auf Leinwand, 54 x 65 cm.
Legat des Künstlers, 1905.

motiv der hochalpinen Verkehrskrise. Auf der Zickzacklinie der Passstrasse, überhöht von dem V-förmigen Himmelsausschnitt in der endgültigen Fassung, bewegt sich das massige Gefährt direkt auf den Betrachter zu, und es scheint fraglich, ob das Fünfgespann das vollbeladene Gefährt in der Kurve und auf der Strasse halten kann. Die Kutsche ist das in Deutschland hergestellte Modell «Berlina», hier das kleinere Coupé, das als besonders robustes und gut gefedertes Gefährt im gesamten deutschsprachigen Raum zwischen 1850 und 1880 verbreitet war, eine Art «Volkswagen» des 19. Jahrhunderts.[18] Die Fahrt von jährlich mehr als 70'000 Reisenden über den 2100 Meter hohen Gotthardpass war ein logistisches Problem, da auf der steilen Strecke die Pferde zwischen Flüelen und Como ein Dutzend Mal gewechselt werden mussten und die Reise einen ganzen Tag dauerte. Reiseberichte fügten der Alpenüberquerung die Motive «umgestürzte Kutschen», «Banditenüberfälle» und «Schlechtwettereinbrüche» hinzu, Stoff für pittoreske Dramen, die mit der Eröffnung der Gotthardbahnstrecke im Jahr 1882 endeten. Genau genommen war die alte Gotthardpost ein verlässliches und sicheres Transportmittel. Kollers Bild gibt also keineswegs den regulären Fall wieder, und gerade das macht den Unterschied zur ersten Bildidee mit der Rast aus. Das Thema wird dramatisch aufgeladen – und zur «Allegorie auf die Beschleunigung der

[18] Ein Original der als Postkutsche am Gotthard verwendeten Berlina steht im Hof des Schweizerischen Landesmuseums in Zürich.
Nachdem das berühmte Bild als Schenkung an die Künstlergesellschaft gegangen war, erhielt die Schweizerische Kreditanstalt eine Replik der «Gotthardpost».

Abb. 18 Zweispännige Gotthardpost, 1873.
Öl auf Leinwand, 91 x 73 cm.
Privatbesitz.

Verkehrsmittel» gemacht.[19] Übrigens mochte Koller selbst das Bild nicht besonders: «Es ist wenig Malerisches daran. Der Titel ist eigentlich das Beste.»[20]

Was also hat die «Gotthardpost» zu einem der populärsten Werke der Schweizer Kunst gemacht? Die Antwort ergibt sich aus dem Bild selbst und seiner langen Rezeptionsgeschichte und ist eine Mischung vieler Faktoren. Zum einen ist es tatsächlich der Titel, der bei historisch vorgebildeten Betrachtern ein Wissens- und Assoziationsspektrum anklingen lässt. Der Gotthard als Beweis für die geglückte und sichere Alpenüberquerung, für die bewundernswerte Ingenieurleistung eines Eidgenossen (die ja absichtsvoll nicht das Bildthema ist) und vor allem der Gotthard als Symbol für die Erhabenheit der Umwelt – dies verbindet sich zu einer Allegorie auf die Eigenschaften der Nation und ermöglicht einen Begriff von Heimat, der über das Landschaftliche hinaus in das soziale und politische Selbstverständnis reicht. Nicht zuletzt kommt das Bild ohne folkloristisches Kolorit und politisches Pathos aus und konnte darum zum populären, weil demokratischen Kunstwerk werden. Dazu kam, dass «Die Gotthardpost» ebenso bekannt blieb wie der Beschenkte, weil sie durch die Übergabe an die öffentliche Sammlung und die zahlreichen Reproduktionen weithin präsent war und ist. Kollers Künstlerleben begann sich am Ende der siebziger Jahre auf eigentümliche Weise zu verlangsamen. Fotografien zeigen ihn mit starker Brille, rauschigem Bart, scheinbar früh

[19] Zit. n. Klemm in: Von Anker bis Zünd, 1998, S. 222.
[20] Koller über «Die Gotthardpost», zit. n. Frey, Der Tiermaler Rudolf Koller, 1906, S. 122.

Abb. 19 Die Gotthardpost, 1873. Öl auf Leinwand, 117 x 100 cm. Geschenk Dr. Emil Welti, 1898.

gealtert. Die Verschlechterung seines Sehvermögens machte ihm schwer zu schaffen, und als 1878 eine kurzzeitige Besserung eintrat, nahm er die Landschaftsmalerei wieder auf, dann folgten Tierstudien und ein auffallender Wechsel zu grösseren Bildformaten, ein Indiz, dass er mehr und mehr im Atelier arbeitete und nur gelegentlich Skizzen im Freien machte. «Ich besah mir das betreffende Modell in richtiger Stellung im Freien sowie auch die landschaftlichen Details, memorierte so gut als möglich und ging dann in das Atelier und malte das Gesehene. Man ist weniger Sklave der Natur, das Überflüssige lässt man viel leichter weg, was zu dem Gesamteindruck des Bildes nicht nötig ist, und bequemt in Form und Farbe alles besser dem Bedürfnis des Bilds an. Die ganze Arbeit wird freier, man geht mehr auf die Haupterscheinung los, verliert sich nicht im unnützen Detail. Auch ist die geistige Anstrengung künstlerisch höher als das Kopieren der Natur, das, was die Photographie auch kann.»[21] Koller benutzte immer häufiger Fotografien, sammelte Abbildungen nach Gemälden und liess seine eigenen Bilder ablichten.[22] «Es gibt nichts Anziehenderes, Lehrreicheres, als mit einem tüchtigen Menschen und Künstler solche Kunst-Schöpfungen zusammen zu betrachten.»[23]

Das Stück Land am See, das Koller durch die heranrückende grossstädtische Zivilisation bedroht sah, wurde mehr und mehr zum Altersrefugium. Das Spätwerk setzt früh ein: «Herbstabend», 1879 (Abb. 20), oder «Sonnenuntergang am Zürichhorn», 1881, geben mit ihrer dunklen Farbigkeit und gewissen, durch die Augenschwäche bedingten Mängeln in der Perspektive schon

Kollers reifen Stil wieder. In der Tiermalerei zeigen sich jedoch kaum Schwächen, auch wenn manche früheren Studien wieder und wieder zum Einsatz kommen. Als 1886 «Auf dem Felde» durch die Künstlergesellschaft erworben werden sollte, regte sich Widerstand, und Böcklin sprang seinem Freund Koller in einem Artikel in der Neuen Zürcher Zeitung bei, in dem er es als «gewaltiges Meisterwerk» lobte. «Es muss daher jeden Bewunderer dieses Werkes höchst befremden, dass es bis heute noch nicht für die Kunstsammlung erworben worden ist. Die Aufgabe des Vorstandes der Künstlergesellschaft ist doch zweifellos, gute Kunstwerke anzuschaffen, wenn solche zu haben sind. Worauf wartet er nun? Sollen etwa die Mittel gespart werden, um sich wieder mit einem Vautier oder ähnlichem zu blamieren?»[24] Schweizer Museen begannen Kollers Werke in den neunziger Jahren zu kaufen und öffentlich auszustellen, doch der späte Ruhm zu Hause traf auf einen verbitterten, von depressiven Schüben geplagten alten Herrn, dessen Schwerhörigkeit zunahm, sodass selbst die geliebten Besuche bei der Dienstagsgesellschaft in der Kronenhalle selten wurden. Keller starb 1889, Böcklin lebte

[21] Aus den autobiografischen Notizen Kollers (Zentralbibliothek Zürich), entstanden 1888, zit. n. Frey 1906, S. 124–125.

[22] Koller an Zünd, 27.1.1864 (Zentralbibliothek Zürich, Nachlass R. Koller 105.6).

[23] Koller an Zünd, 30.11.1869 (Zentralbibliothek Zürich, Nachlass R. Koller 105.6). Kollers Fotosammlung muss umfangreich gewesen sein; in dem verstreuten Nachlass finden sich allerdings nur wenige Beispiele, meist Familienfotos oder Ansichten der «Hornau». Der Nachlass befindet sich in der Zentralbibliothek, im Kunsthaus und, ebenso wie eine grosse Zahl von Werken, in Privatbesitz.

[24] Zit. n. Böcklin in: Neue Zürcher Zeitung, 25.11.1886; Benjamin Vautier war einer der Barbizon-Künstler, der sich leicht verkäuflichen Genreszenen verschrieben hatte.

seiner Gesundheit zuliebe im Süden und kam nur gelegentlich auf Besuch. Noch reisten Koller und seine Frau regelmässig nach München (1888, 1891, 1894), wo er mit Bildern auf Ausstellungen vertreten war, und kürzere Reisen führten ihn 1886 ins Wallis, 1887 auf Rigi-Scheidegg, 1888 ins Haslital, 1891 auf den Brünig, 1892 zum letzten Mal in die Richisau und 1893 an die Riviera. In Zürich hiessen die neuen Sterne am Kunsthimmel Hodler und Segantini. Als es in der Künstlergesellschaft zu einer Spaltung zwischen den Generationen kam, schloss sich Koller in der entstehenden Sezessionsbewegung überraschenderweise den Jüngeren an und blühte sichtlich auf. Den Plan zur Errichtung eines neuen Museums, des jetzigen Kunsthauses, unterstützte er massgeblich und registrierte missmutig, dass eine erste Volksabstimmung am 30. April 1899 negativ ausging.

Die Feier zum siebzigsten Geburtstag im Jahr 1898 brachte eine grosse Jubiläumsausstellung mit immerhin 427 Nummern, hauptsächlich Gemälden, Ölskizzen, Studien und wenigen Zeichnungen, die sich Koller hartnäckig auszustellen weigerte. 20'000 Besucher kamen, Einnahmen von 130'000 Franken waren zu verzeichnen, fünf Bilder wurden von der Kunstgesellschaft erworben, als Grundstock der grossen Koller-Sammlung, und zahlreiche Werke befinden sich seitdem wohlgehütet in Privatbesitz. Beim Bankett in der Tonhalle für vierhundert geladene Gäste wurde der Maler zum Ehrenmitglied der Zürcher Kunstgesellschaft ernannt, die Escher-Erben überreichten offiziell «Die Gotthardpost» – und Koller selbst schenkte maliziös ausgerechnet «Auf dem Felde».

Künstlerisch brachte das Spätwerk keine grundlegend neue Entwicklung, Koller malte kontinuierlich grosse Formate mit den schon vertrauten Themen, aber die Bilder wirkten im Vergleich mit den früheren Arbeiten etwas hölzern und konstruiert, was ihrem Erfolg bei einer grossbürgerlichen Käuferschicht jedoch nicht abträglich war. Seit den achtziger Jahren hatte er wieder häufiger mit Böcklin zusammengearbeitet, dessen Einfluss an gewissen koloristischen und maltechnischen Effekten ablesbar ist, aber zum Symbolismus seines Freundes blieb er auf Distanz. Die Horizonte liegen tiefer, und dem Himmel wird mehr Raum gegeben, die Natur wird summarischer erfasst zugunsten der spätsommerlichen und herbstlichen Lichtstimmungen am Zürichhorn. Zieht man ein Resumé dieses langen Künstlerlebens, so fügt sich Koller in die Reihe seiner Zeitgenossen, die dem Naturalismus und Pleinairismus verpflichtet waren, und dieser Richtung blieb er treu. In den fünfziger Jahren ist er künstlerisch innovativ, in seinen späteren Jahren ein Konservativer. Zu jener Zeit, als Rudolf Koller beschlossen hatte, Künstler zu werden, war in Zürich an einen Aufschwung der Künste noch nicht zu denken gewesen: Innerhalb einer Generation hatte die Schweiz eine respektable Reihe von Künstlern hervorgebracht, die in kollegialem Austausch standen, sich und ihr Werk auch ausserhalb der Grenzen bekannt machten und schliesslich zu den Protagonisten der «Schweizer Kunst» werden sollten. 1899 war er noch einmal an die Riviera gereist und hatte auf der Heimreise in Florenz seinen Freund Böcklin zum letzten Mal gesehen. In den letzten Jahren musste er das Zeichnen und Malen endgültig aufgeben. Rudolf Koller starb am 5. Januar 1905.

Abb. 20 Herbstabend, 1879. Öl auf Leinwand, 95 x 146 cm. Erworben 1879.

Tatsächlich, so zeigt Kollers Werk, ist vieles, was heute als
genuin schweizerisch gesehen wird, die Summe vieler Einflüsse
und entspringt originellem Talent ebenso wie Bodenständig-
keit und den vielfältigen Einflüssen der europäischen Kunstent-
wicklungen – den Kunstmarkt eingeschlossen. Rudolf Kollers
Beitrag an diese Entwicklung ist bedeutend. Und den Künstlern
seiner Generation ist nicht zuletzt zu verdanken, dass Zürich
1910 an der Stelle, wo das Künstlergütchen stand, einen Museums-
bau von Moser und Curjel erhielt, das heutige Kunsthaus.

Abb. 21 Liegender Windhund, 1852. Öl auf Leinwand, 37 x 86 cm. Erworben 1904.

II

Kollers Maltechnik

Paul Pfister

Entgegen seinen beschaulich wirkenden, sich stets wiederholenden Bildthemen zeichnet sich Koller in maltechnischer Hinsicht bis ins hohe Alter als Künstlerpersönlichkeit aus, der es ein Bedürfnis war, sich mit den unterschiedlichen maltechnischen Fragen immer wieder von neuem zu beschäftigen.

Die technische Variationsbreite in seiner Arbeitsweise lässt sich an den Ölskizzen am deutlichsten aufzeigen, weil diese an vielen Stellen die Untermalung und die Grundierung erkennen und durchscheinen lassen. Die Ölskizzen verfügen, soweit sie direkt aus dem Nachlass stammen, über einen hohen Authentizitätswert, da die originalen Firnisse meistens erhalten geblieben sind. Somit eignen sich diese Bilder besonders für die Erkennung der künstlerischen Ausdrucksweise und des Einsatzes seiner handwerklichen Mittel.

Kollers frühe Orientierung an der dunkeltonigen deutschen Malerei, vor allem jener Düsseldorfs und Münchens, von der er sich nie ganz befreien konnte, veranlasste ihn offenbar, selbst seine Freilichtskizzen zu firnissen. Diese Praxis steht im Widerspruch zu den ungefirnissten Ölskizzen der französischen Meister wie die Frühwerke von Corot, Troyon oder die Werke Millais' und Bretons, an deren Gemälden er sich wegen ihrer Lichtfülle und dem freien Umgang mit maltechnischen Mitteln stets mass. Koller stellte an seine Skizzen offenbar den Anspruch, dass sie nicht nur einen mehr oder weniger flüchtigen Eindruck festhalten, sondern unmittelbar einem voll ausgeführten Gemälde mit ausgewogener Tonalität und der gesamten Entwicklung der Raumtiefe nahe kommen sollten. Leider haben sich über diese Gestaltungsabsicht keine schriftlichen Äusserungen erhalten, obwohl er mit seinen Künstlerkollegen Zünd und Stückelberg eine Korrespondenz pflegte, die neben gestalterischen Fragen auch maltechnische Aspekte erörterte.

Von speziellem Interesse ist hingegen sein Brief an Stückelberg vom Frühjahr 1864, in welchem er schreibt: «Ich arbeite noch immer konsequent nur in der Sonne…».[1] Bei seinen Bildern, die ohne Schirm in vollem Sonnenlicht gemalt wurden, verwendete der Maler hinterher nicht etwa nur farblose Firnisse, sondern er breitete mehr oder weniger eingefärbte, dunkel pigmentierte Firnisse über seine Bilder aus. Diese Bilder entfalten in der Sonne eine grössere Raumtiefe und heben die Volumen der Bildgegenstände deutlich hervor, während sie im kühlen Tageslicht trüb und dunkel wirken.[2] Am direktesten lässt sich der dunkel pigmentierte Firnis an unserer Ölstudie «Friedli mit der Kuh» von 1858 (Abb. 22 und 23) erkennen. Aber auch die Werke «Acker- und Wiesenstudie» und «Ackerfeldstudie: Acker im Bülacher Feld bei Seeb» (Abb. 27), beide 1867 datiert, sowie «Raubritter, Studie», um 1862, weisen dunkel pigmentierte Firnisse auf.

Als er den Pariser Salon 1865 beschickte und ihn auch besuchte, führte dies zu einer verzweifelten Niedergeschlagenheit, weil

---

[1] Zit. n. Frey 1928, S. 82.

[2] Die Anwendung von dunklen Firnissen geht gemäss Gombrich, Januar 1962, auf die Beschreibung von Plinius in seiner «Naturalis Historia» über Apelles zurück (in Venedig seit 1513 mehrmals publiziert) und begleitet eine unbekannte Anzahl von Künstlern über die nachfolgenden Epochen hinweg. Erst in jüngster Zeit hat man begonnen, sich mit den von Künstlern konzipierten dunklen Firnissen auseinander zu setzen. Siehe dazu Leonard/Khandekar/Carr 2001, sowie Gutman/Tucker 2002. Das analytische Erfassen der dunkel pigmentierten Firnisse an unseren Gemälden verdanke ich Christoph Herm, Schweizerisches Institut für Kunstwissenschaft, Zürich.

Abb. 22 Friedli mit der Kuh, Studie, 1858.
Öl auf Leinwand, 81 x 100 cm.
Geschenk des Stadtrates, 1898.

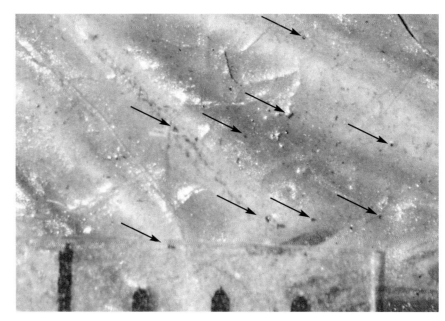

Abb. 23 Friedli mit der Kuh, Studie, 1858 (Detail).

seine Bilder nicht nur unvorteilhaft präsentiert waren, sondern er sah, wie hoffnungslos dunkel sie sich im Vergleich zu den Werken der französischen Künstler ausnahmen. Seiner Frau schrieb er im Mai: «... Ich möchte manchmal in die Erde sinken, nur nichts mehr sehen, wissen, hören... wo hab ich mein Farbgefühl und Augen und Verstand... Heller, heller und wieder heller malen, das ist das Losungswort!» ...«Der ganze Prozess des Malens soll und muss ein anderer werden; umsonst habe ich mich abgemüht, studiert und wieder verbessert.»[3] In der Folge stützte er sich auf die Schrift von J.D. Regnier «De la lumière et de la couleur chez les grands maîtres anciens»[4], der auf Grund seiner Beurteilung der alten Meister eine gültige Maltechnik darzustellen sucht und die eine Untermalung mit Lichtocker, Zinnober, Ultramarin und Weiss fordert. Darauf soll dann mit Lasuren weitergemalt werden. Koller hat aber nach wenigen Versuchen dieses Prozedere wieder verlassen und auf seine eigene, zuvor erprobte Untermalung zurückgegriffen, die ihm erlaubte, die Form- und Farbgestaltung von Anfang an auf seinen Bildern festzulegen. In unserer Sammlung gibt es bisher kein Werk, das die Maltechnik Regniers belegt. 1866 wurde Koller von seinem Schüler Matthieu über die Zubereitung der Gipsgrundierung unterrichtet. Daneben experimentierte er mit der Temperamalerei. An Zünd schreibt er am 22. Juni: «Kennst Du die Temperamalerei? Diejenige von den alten Venezianern? Ich habe einen Studienkopf in dieser Weise gemalt ... Auf Kreidegrund oder Gips malt man mit Leimfarbe, ... Es muss dabei beobachtet werden; sehr hell malen, alles mit Weiss vermischen! (Nach dem Trocknen) ... Hierauf nimmt man

englischen Kopal, mit Terpentin vermischt und streicht das Bild hinten und vorn an. Welche Überraschung, welche tiefe, saftige, klare Farbe! So sehen die alten Bilder aus. Lasieren ist nachher die Hauptsache. Aber hell, furchtbar hell! Dann wird das Bild nachher leuchtend, tief und klar».[5] In unserer Sammlung befindet sich kein Beispiel für seine Temperamalerei, die er ebenfalls nur sehr kurzfristig gepflegt haben wird. Der Briefwechsel mit Robert Zünd, den Koller seit November 1852 unterhielt[6], verschafft einen beispielhaften Einblick in die Bilderfindung der naturalistischen Malerei des 19. Jahrhunderts. Gerade jener erste Brief mit eingehenden Korrekturanweisungen auf Grund eines von Zünd zugestellten Bildes ist aufschlussreich: «Lass Deiner Fantasie den Lauf. Stelle Deine Sonne senkrecht ob dem Wasser, ... die Wolken beleuchte mehr, damit Du grössere Lichtmassen erhältst, ziehe die grössere Wolke gegen den Rahmen hinauf ... kassiere die rechte Seite der Wolken und lass Deine Vordergrund Bäume höher hinaufwachsen, auf der andern Seite beleuchte milder, noch eine Stotzwolke, und drücke den ganzen Wald tiefer hinunter ... lass das ganze Terrain in mehrere Pläne sich verschieben, ... Mit der Farbe bist Du mir bloss etwas zu warm im ganzen Bild, besonders der Vordergrund, das ganze dürfte vielleicht mehr einen Silberton erhalten. Das Blau in der Luft dünkt mich noch etwas zu schwer und zu gleichmässig. ... Dass es eben ein Sonnenlicht gibt musst Du einige

[3] Zit. n. Frey 1928, S. 80–81.
[4] Paris, 1865.
[5] Zit. n. Frey 1928, S. 74.
[6] Zentralbibliothek Zürich, Nachl. R. Koller 105.6.

bestimmte Schlagschatten anwenden... Die weisse Ziege mit dem Zeichen X würde ich weglassen oder wo anders hinstellen.»[7] Aber auch Zünd hat mit seiner Kritik an Kollers Bildern nicht zurückgehalten. So lässt sich das im Brief vom 2.5.1860 ablesen: «Dein Urteil bestätigt vieles, und nach einigen schweren, harten Tagen entschloss ich mich die Sache radikal zu heilen. Die Schafe sind abrasiert worden und frisch gemalt, sowie das Rind, die ersten sind kleiner geworden, das zweite grösser. ... In etwa acht Tagen hoffe ich das Bild wieder soweit zu haben, wie es vordem gewesen, nur besser und richtiger.»[8]

Im Jahr 1867 muss Zünd eine wesentliche Hilfestellung geleistet haben, denn Koller schreibt am 30.12. zum neuen Jahr: «Wie ich Dir, so Du mir. Zu diesen Wünschen geselle ich noch den aufrichtigen Dank für Deine Mitteilung des Weissmalens. ... Auf die Weissmalerei mit Lasieren, hab ich viel Vertrauen und hege meine stillen Wünsche, dass es doch noch einmal möglich wäre zum Durchbruch zu kommen. ... Das Weiss muss nur das Licht im Bilde als Unterlage des spätern farbigen Tons sein.»[9] So sehr Koller mit allen ihm nützlich erscheinenden Mitteln versuchte, Helligkeit in seine Bilder zu bringen, so sehr blieb er, wie wir es selbst an seinen späteren Bildern überprüfen können, seinem dunkel pigmentierten Firnis treu. Dabei lässt gegenüber der Zeit vor 1865 im Verlaufe der späteren Entwicklung lediglich die Konzentration dieser dunklen Pigmente im Firnis etwas nach. Mit dem Brief vom 17.10.1867 von Arnold Böcklin an Koller[10] sandte jener eine Flasche Kopaivabalsam. Die Vermutung liegt nahe, Koller habe den Kopaivabalsam ebenfalls als Firnis verwendet. Solche Firnisse trocknen gegenüber den damals gebräuch-

lichen Dammarfirnissen härter auf und sind resistenter gegenüber dem Einsatz von Lösungsmitteln, wie sie in der Restaurierung verwendet werden.

Gleich vielen anderen Künstlern retuschierte Koller seine Bilder, nachdem er sie bereits einmal gefirnisst hatte. «Unglücklicherweise 'vollendet' oder überarbeitet er in den letzten Jahren eine Reihe angefangener oder unverkaufter Bilder aus guter Zeit, womit er sie um ihre Vorzüge bringt und in seinem Lebenswerk Verwirrung stiftet.»[11] Bei «Liegende Kuh, Studie» von 1863 (Abb. 24) sind solche Überarbeitungen deutlich zu sehen, weil die Farbe der Überarbeitung matt eingeschlagen auf dem glänzenden Firnis liegt. Weitere Überarbeitungen sind bei «Kühe mit Kindern und Enten am Wasser beim Zürichhorn», 1876? (Abb. 25) zu sehen, so bei der Ente rechts, bei der pastose Faktur erscheint, sowie bei der weissen Ente links und ihrer weiteren Umgebung, die sich als ziemlich uniform zeigt.

Im letzten Brief an Zünd vom 9.3.1900 erfährt man nochmals von der Begeisterung über eine neue Technik: «Schicke Dir die Renseignements der Couleurs Solides von Raphaeli. Lese und kaufe Dir diese Farben. Aber man muss ein ganzes Sortiment nebst der Radier Messer haben. Wenn Dir die Sache wünschenswert erscheint, so berichte uns, ich komme dann mit samt den Farben zu Dir, und zeige Dir das Verfahren. – Keine Palette, keine Pinsel.

[7] Zentralbibliothek Zürich, Nachl. R. Koller 105.6.
[8] Zentralbibliothek Zürich, Nachl. R. Koller 105.6.
[9] Zentralbibliothek Zürich, Nachl. R. Koller 105.6.
[10] Zit. n. Frey 1928, S. 86.
[11] Zit. n. Fischer 1951, S. 45.

Abb. 24 Liegende Kuh, Studie, 1863.
Öl auf Leinwand, 81 x 100 cm.
Erworben 1898.

Man kann 1–2 Minuten arbeiten oder den ganzen Tag, man ist nicht gebunden an die Zeit… Man … (muss) das Trocknen nicht abwarten.»[12] Wir können auch diese Maltechnik an keinem Werk belegen.

Einer besonderen Spezialität bediente er sich bei seinen Zeichnungen der frühen 1850er Jahre, dort setzte er unter anderem «papier pelé» ein, ein Papier, das mit Kreidegrund unterlegt ist und auf dessen abgetönter Oberfläche die Zeichnung erfolgt. Die hellen Lichter, die andernfalls durch das Aufmalen von weisser Gouache oder Kreide erzielt werden, werden hier herausgekratzt, so dass der weisse Kreidegrund zu Tage tritt, (Abb. 26). Während andere Künstler fleissig Radierungen nach ihren Werken ausführten, um ihre Kunst bekannt zu machen, so blieb es bei Koller in den Jahren 1860 bis 1870 bei Versuchen, die nicht über Probeabzüge hinausgelangten. In einem Fall verwendete Koller einen Probeabzug, um ihn Zünd zur Einsichtnahme in sein aktuelles Schaffen zuzusenden.[13]
Wie aus seiner Korrespondenz hervorgeht, bediente er sich aber auch der Fotografie, um seine Werke mit seinen Künstlerkollegen zu diskutieren, so weist sein Brief vom 1.1.1862 an Zünd darauf hin: «Was für ein Bild malst Du? Hast Du keine Photographie von Deinem letzten machen lassen?»[14]

[12] Zentralbibliothek Zürich, Nachl. R. Koller 105.6.
[13] Brief vom 9. 4. 1865; Zentralbibliothek Zürich, Nachl. R. Koller 105.6.
[14] Zentralbibliothek Zürich, Nachl. R. Koller 105.6.

Abb. 25 Kühe mit Kindern und Enten am Wasser beim Zürichhorn, 1876?
Öl auf Leinwand, 70 x 100 cm.
Geschenk der Erben von Robert Müller-Keyser, 1973.

Abb. 26 Geissbuben am Weidefeuer, 1850 (Detail).
Schwarzkreide auf «papier pelé», 36,6 x 44,6 cm.
Privatbesitz, Basel.

Abb. 27 Ackerfeldstudie: Acker im Bülacherfeld bei Seeb, 1867.
Öl auf Leinwand, 38,5 x 60 cm.
Legat des Künstlers, 1905.

Belegbeispiel

Ackerfeldstudie: Acker im Bülacherfeld bei Seeb, 1867.

Über der hellen Grundierung der Leinwand liegt die braune Öl-Imprimitur ausgebreitet. Am unteren Rand ist sie partiell so dünn, dass die Grundierung durchscheint. Offensichtlich erfuhr diese Imprimitur ebenfalls eine Bearbeitung, wie an den folgenden Beispielen aufgezeigt wird. Auf Grund der altmeisterlichen Tradition des Gemäldeaufbaus ist auch dieses Gemälde gestaltet. Zuerst wurde der Himmel mit breitem Pinsel angelegt, sodann die Hügelzüge der Ferne gesetzt und anschliessend nach und nach dem Vordergrund entgegengearbeitet bis hin zu den freien Pinselzügen der Details. An der rechten Seite des Himmels sieht man eine mit dem Palettmesser ausgeführte Korrektur.

Auf dieser ersten Anlage liegen sodann die Bleistiftlinien, welche die Fluchtlinien der Ackerbegrenzung einzeichnen. Geraume Zeit nach der Erfassung dieser Skizze – die Bildoberfläche wurde inzwischen erheblich verschmutzt und durch Fliegendreck bekleckert (am besten im Himmel zu sehen) – überarbeitete Koller diese Skizze. Vor allem ist diese Überarbeitung im Himmel evident, wo über der ersten Anlage eine dünne, transparent gewordene, graue Abtönung liegt. Im gleichen Zuge überarbeitete und retuschierte er auch einzelne Stellen des Ackers. Diese Überarbeitungen erscheinen auch in der Ultraviolettaufnahme als dunklere Flecken. Die Oberfläche des Bildes ist mit einem dunkel pigmentierten Firnis überzogen. Am rechten Bildrand ist eine Reinigungsprobe zu sehen, bei der wir Restauratoren gesehen haben, dass eine Reinigung dieses Werkes unmöglich ist, weil man unmittelbar Gefahr läuft, diese originale Überarbeitung abzutragen.

Belegbeispiel

Erste Skizze zur Gotthardpost, 1873.

Auf die helle Grundierung der Leinwand hat Koller zunächst ge-
samtflächig eine opake, braune Öl-Imprimitur aufgetragen.
Diese Öl-Imprimitur erfuhr, solange sie noch nass war, eine ge-
stalterische Bearbeitung, in dem das Motiv durch Einkratzungen
mit dem Pinselstiel oder dergleichen vorgezeichnet und mit Aus-
wischungen mit Lappen oder Palettmesser in helle und dunklere
Partien unterschieden wurde, sodass wenigstens auf den Bin-
dungspunkten der Leinwandfäden die helle Grundierung wieder
hervortritt. Nachzuvollziehen ist dieses Vorgehen am unteren
Rand, beim fliehenden Kalb, links beim vorderen Strassenpfosten
und dank der darüber liegenden, nicht überall deckenden,
frottisartigen Bemalung kann dieser Gestaltungsvorgang an vielen
Stellen nachvollzogen werden. Dieses Vorgehen lässt sich bei
vielen anderen Skizzen ebenso deutlich beobachten, so bei der
«Raubritter, Studie» von 1862. Beide Skizzen sind sodann
mit einem dunkel pigmentierten Firnis überzogen. In gewissem
Sinne ist dieses Vorgehen auf die Technik des «papier pelé»
zurückzuführen, wo auch auf einem getönten Grund die hellen Partien ausgeschabt werden.

Das vollendete Gemälde der Gotthardpost sowie alle anderen ausgeführten Gemälde lassen eine solche Vorgehensweise nicht
mehr erkennen, weil die gesamte Gemäldefläche deckend zugemalt
ist. Es bleibt aber darauf hinzuweisen, dass selbst das voll
ausgeführte Gemälde trotz seiner Gesamthelligkeit einen originalen, dunkel pigmentierten Firnis aufweist.

Abb. 28 Erste Skizze zur Gotthardpost, 1873.
Öl auf Leinwand, 32,5 x 41 cm.
Leihgabe der Gottfried-Keller-Stiftung, 1896.

Abb. 29 Gletscher am Sustenpass, Studie, 1856.
Öl auf Leinwand, 65 x 81 cm.
Leihgabe der Schweizerischen Eidgenossenschaft, 1898.

Belegbeispiel

Gletscher am Sustenpass, Studie, 1856.

Auf der hellen Grundierung der Leinwand befindet sich eine dunkel-braune Öl-Imprimitur, die ebenfalls partiell in der frischen Farbe ausgeschabt ist, um den ersten kompositorischen Eindruck festzuhalten. Erst nach dem völligen Antrocknen wurde das Blau des Himmels aufgesetzt. Diese blaue Farbe ist ebenfalls an-getrocknet, was wenigstens Stunden benötigte, bevor die Arbeit am Gletscher und am Bergmassiv seinen Fortgang nehmen konnte, was sodann mit breitem Borstenpinsel erfolgte. Nur für die kleine Hütte im Vordergrund und die Gletscherspalten setzte der Maler feinere Haarpinsel ein. Danach müssen wiederum Tage verstrichen sein, bevor sich die Wolke mit dem aufsteigenden Nebel an der linken Seite mit dem Pinsel auftragen liess und mit dem Lappen im unteren Teil verrieben wurde, sodass die dahinterliegende Felspartie durchscheint. Gerade hier wird ein-sehbar, wie langsam und überlegt seine Arbeitsweise gewesen sein muss, um die einmal auf der Leinwand aufgetragene Farbe durch die nachfolgende nicht wieder anzulösen und damit zu verfrachten. Als Abschluss dieses Gemäldes dient wiederum ein dunkel pigmentierter Firnis.

Was also bei Koller oft nach einer schnell hingeworfenen Ölskizze aussieht, ist in allen Fällen das Resultat eines lange dauern-den Arbeitsprozesses. Es bleibt dabei zu fragen, ob diese Skizzen nicht einen Begriff wie «fa non presto» verdienen. Sie sind jedoch keinesfalls mit dem Begriff der Ölskizze der unmittelbar transformierten Landschaft der französischen Malerei vor dem Impressionismus zu vergleichen.

III

Dunkel und Hell – Aspekte der Zeichnung im Schaffen Rudolf Kollers

Bernhard von Waldkirch

In einer schwindelerregenden Nahaufnahme lässt Koller die Gotthardpost zu Tale sausen. Bei genauerem Hinsehen werden wir auch Zeugen eines heiklen Manövers, das schon im nächsten Augenblick zu einem Unfall mit unabsehbaren Folgen führen könnte. Noch hält der Postillon die Zügel fest in der Hand und treibt die Pferde, das Tempo zu halten. Kann er die Gefahr von seinem hohen Führersitz aus richtig einschätzen oder verlässt er sich einfach auf das gut eingespielte Pferdegespann, das die Verkehrsprobleme an der Gotthardsüdrampe schon meistern wird? Die Aufregung hat längst von uns Besitz ergriffen, bevor wir alle Einzelheiten des Bildes erfasst haben. Das Gelingen solcher Spezialeffekte hängt weitgehend von der Regie des Künstlers ab, oder, wie es in der offiziellen Sprache der Salonmalerei hiess, von der Kunst der Zeichnung. Die Momentaufnahme vermag nur deshalb so nachhaltig zu bewegen, weil sich hier die Linien von Kollers ganzem Können als Tierseelenmaler und als aufmerksamer Zeitgenosse in einem Punkt kreuzen. Die aufrichtige und exakte Beobachtung der Tatsachen, die Zola von einer realistischen Schilderung forderte, ist hier ebenso gewährleistet wie ihre formale Umsetzung im Bild. Ausnahmsweise ist die Entstehung dieser Bildkomposition durch Skizzen und Studien in allen wichtigen Etappen belegt. Wir erhalten Einblick in die Werkstatt und Arbeitsweise des einundfünfzigjährigen Künstlers, der damals auf dem Höhepunkt seiner Karriere stand. Wir fragen nach der Bedeutung der Zeichnung für seine Malerei. Es folgen einige Bemerkungen über seinen Werdegang als Zeichner, bevor wir uns am Schluss seinem zeichnerischen Spätwerk zuwenden, das durch seinen Schwung und fast abstrakten

Formensinn uns heute unmittelbar anzusprechen vermag. «Die Gotthardpost» entstand als Geschenk für den «Eisenbahnkönig» Alfred Escher, der 1872 mit dem Bau des Gotthardtunnels und der Talstrecken begonnen hatte.[1] Das Motiv wurde Koller freigestellt. Unverzüglich begab sich der reiselustige Maler, der gerade aus Wien zurückgekehrt war und alle zwei Jahre den Pariser Salon besuchte, auf die Passhöhe, um das Gelände zu inspizieren. Auf beschwerliche Fussmärsche war er, schon wegen seiner beachtlichen Leibesfülle, nicht eingestellt. Die moderne Passstrasse mit ihrem Postkutschenbetrieb bot genügend «sujets», und das Reisen im In- und Ausland gehörte seit Kollers Jugend zu den Voraussetzungen seiner Kunst. Auf solchen Reisen konnte es auch mal zu Zwischenfällen kommen, wie auf der Skizze «Kutsche in einer Rechtskurve» (Abb. 30), wo die Pferde auf offener Landstrasse in vollem Galopp plötzlich ausscheren, und der Wagenlenker mit gespannten Zügeln das Gefährt unter Kontrolle zu bringen versucht. Insgesamt sind 11 Skizzen und drei Ölstudien zur «Gotthardpost» bekannt. Zuerst interessierte sich Koller für den mühevollen Aufstieg. Der Postwagen ist auf diesen frühen Bleistiftskizzen noch kaum erkennbar. Die Aufmerksamkeit des Künstlers gilt dem Kontrast aus dunklen und hellen Massen. Einmal scheint das Gespann durch eine Schlucht, ein anderes Mal an einem Abgrund vorbeizuziehen, zwei gespenstische «Nocturnes» mit schrillen Nebengeräuschen (Abb. 31 und 32). Auf den folgenden drei Kompositionsskizzen versucht der Künstler etwas Ordnung in seine Gedanken zu bringen.

[1] Vgl. im Text von Christoph Becker, S. 21–27.

Abb. 30 Kutsche in einer Rechtskurve, (1873).
Bleistift, Randlinien oben und unten, Bild: 12 x 19,8 cm.
Nachlass des Künstlers, 1905.

Nach wie vor beliebt ihm das Querformat und die Ansicht von vorn. Der Vordergrund gehört den dicht zusammengedrängten Pferdeleibern, ihren stampfenden Hufen und geschwungenen Hälsen. Die Kompositionslinien verlaufen entlang den Zügeln und schliessen sich in der Hand des Wagenlenkers zu einem gleichschenkligen Dreieck. Die Skizze «Gotthardpost vor einem Gasthaus» (Abb. 33) gehorcht noch dem Geschmack der Zeit und hebt das Anekdotische, Genrehafte in den Vordergrund. Etwas unterhalb der Passhöhe, auf der Südseite des Gotthards, gelingen Koller zwei Skizzen nach der Natur, die schliesslich zum Bild führen werden (Abb. 34 und 35). Eine Kuhherde überquert gerade die Passstrasse, und die Gotthardpost prescht mitten hindurch. Koller wird Zeuge dieses Verkehrsstaus und erkennt sofort die historische Brisanz des Augenblicks. Denn von da an geht es mit der Komposition zügig voran. Es gilt nun, innerhalb des etwas starren Kompositionsschemas die Spannung zu steigern, ohne von der Naturwahrheit wesentlich abzurücken, so jedenfalls liessen sich die weiteren Schritte bis zur gemalten «Ersten Skizze zur Gotthardpost» (Abb. 28) umschreiben. Erstaunlich, mit welcher Konsequenz Koller versucht, dieses Gleichgewicht zu halten. Offensichtlich geht es um mehr als die Momentaufnahme einer Anekdote. Als Meister seines Fachs kennt Koller die Bewegungen von Pferden und Kühen in allen Lebenslagen so genau, dass er die Szene mit wenigen Strichen festhalten kann. Der Fünfspänner, bestehend aus zwei dunklen Pferden hinten und drei Schimmeln vorn, hält sich in dieser Stellung bis zum Gemälde. Auf der Bleistiftskizze (Abb. 34) rennt das Rind, die eigentliche Ursache der Aufregung, frontal durch die Bildmitte, findet dann aus kompositorischen Gründen seinen Platz vorübergehend auf der rechten Bildseite und kehrt schliesslich an seinen Ausgangspunkt zurück. Der Postillon sitzt zwar in allen Skizzen in der Mitte über dem Wagen, erlangt die Herrschaft über die Komposition aber erst in der Bleistiftskizze (Abb. 35), die für die «Erste Skizze» in Öl massgeblich wird. Licht und Schatten sind in den Bleistiftskizzen knapp angedeutet, auf der Ölskizze klar definiert. Der Lichteinfall von links teilt die Bildfläche in zwei Zonen, Helligkeit im vorderen und Dunkelheit im hinteren Bereich. Der Wechsel ins Hochformat bei der zweiten Ölskizze[2] bringt noch keine wesentliche Steigerung. Geklärt wird jetzt das Verhältnis der drei aufgeschreckten Pferde zum Rind, das hier seine gültige Position findet. Die Pastellskizze (Abb. 36) lässt an Kühnheit alle bisherigen Versuche weit hinter sich. In «grossen Formen und farbigen Flecken» gelingt Koller eine Steigerung der Komposition, die durch das Hochformat und die Diagonale von oben links nach unten rechts, beides bildbestimmende Elemente in der endgültigen Version, noch verstärkt wird. Zum ersten Mal wird die Linkskurve thematisiert, die statische und hierarchische Bildkomposition durch das dynamische, zentrifugale Kräftespiel ersetzt. Wer sich die Mühe nimmt, dem enthüllen sich nach geraumer Zeit alle Einzelheiten der Komposition. Das Rind vorne rechts bildet einen lebhaften Kontrast zum gelben Fleck der Pferderücken. Man «hört» den Widerhall der Peitsche förmlich im tief eingeschnittenen Talkessel, ein kurzer Strich, ein einziger Bewegungsimpuls

Abb. 31 Skizze zum Gemälde «Die Gotthardpost», (1873). Bleistift auf bläulichem Papier, 22,8 x 28,7 cm. Nachlass des Künstlers, 1905.

[2] Fischer 1951, Abb. 56.

Abb. 32 Skizze zum Gemälde «Die Gotthardpost», (1873).
Bleistift auf bläulichem Papier, 22,8 x 28,7 cm.
Nachlass des Künstlers, 1905.

auf dem Hintergrund des lichten Abendhimmels, der die Massen in Schwung versetzt. Koller hat sich dieser symbolträchtigen Geste ein Jahr später im Bild «Fröhliche Heimkehr», zu dem wir die Figurenstudie besitzen (Werkliste Seite 75) und wo die gleiche Schimmelformation wieder verwendet wurde, ein zweites Mal bedient. Im Schnittpunkt der Diagonalen markiert der Zeichner mit einem schwarzen Akzent den Kopf eines Pferdes, der zugleich die Komposition zentriert.[3] Auf der Modellstudie «Zweispännige Gotthardpost» (Abb. 18) führt der Maler das Hauptmotiv mit der Passlandschaft zusammen. Das Nebenmotiv des Wanderers am rechten Bildrand, wahrscheinlich ein Maler mit seiner Staffelei, greift erneut das Thema der unterschiedlichen Tempi im modernen Passverkehr und ihre Reflexion im realistischen Kunstwerk auf. Als ein weiteres für die Gesamtwirkung des Bildes entscheidendes Element tauchen hier die Körper- und die Schlagschatten auf, die bei Koller in der Massenverteilung von der ersten Skizze an berücksichtigt werden. Das Eigenleben dieser Schatten wurde nicht zu Unrecht kritisiert; in einem Bild wie der «Gotthardpost» stehen sie ausserdem in eklatantem Widerspruch zum dynamischen Geschehen.

Die gewaltige Wirkung dieses Bildes beruht gerade auf solchen kontroversen Wahrnehmungen, die das eindimensionale «Lesen» des Bildes vereiteln. Koller greift auf seine Natur- und Kompositionsskizzen zurück, setzt sie um, ohne sich sklavisch daran zu halten. Das Thema wird in der vollendeten Komposition noch bildmächtiger durch die gekonnte formale Verbindung

[3] Koller zeichnet in verschiedenen Kompositionsskizzen die Bilddiagonalen ein, komponiert das Bild um das Zentrum. Vgl. Skizzenbuch P 42, fol 30 verso.

Abb. 33 Gotthardpost vor einem Gasthaus, (1873).
Bleistift auf Papier, 11,9 x 19,8 cm.
Nachlass des Künstlers, 1905.

von Gotthardpost, Kuhherde und Passlandschaft (Abb. 19). Wir sehen jetzt, wie auch die Gegendiagonale aktiviert wird. Die Kuhherde stösst von oben rechts in die Flanke der Pferde. Das «Ausweich-manöver» in der Kurve drängt die Postkutsche über die Symmetrie-achse nach links ab, wodurch die Bewegung nun auch durch die Asymmetrie des Bildaufbaus sichtbar gemacht wird. Nichts wird dem Zufall überlassen in einem Bild, das den Zusammenprall gegensätz-licher Bewegungskulturen thematisiert: die Welt des Viehtriebs, der Jahrhunderte lang den Gotthard passierte und hier (beinahe) unter die Räder des kurzlebigen Postkutschenverkehrs gerät. Koller stellt an der Bildoberfläche nur die sichtbaren Konturen eines Konflikts dar, der mit dem Bau des Eisenbahntunnels Dimensionen erreichte, die sich jeder naturalistischen Darstellung entziehen. Dass Koller sich mehr vorgenommen hatte, als der Idylle einer guten alten Zeit ein Denkmal zu setzen, wird allein schon durch die Skizzen und Entwürfe zur «Gotthardpost» eindrücklich belegt. Die «harten» Konstruktionslinien des Bildes kontrastieren seltsam mit dem gewissenhaften Naturalismus der Ausführung. Die Diago-nalen schneiden sich im Kopfbereich des mittleren Schimmels. Von diesem Kraftzentrum laufen die Linien strahlenförmig nach aus-sen. Die locker gehaltenen Zügel des Wagenlenkers, der im Verlauf der Skizzen immer weiter zur Seite gedrängt wurde, deuten darauf hin, dass in solch heiklen Situationen der Mensch nicht allein entscheidet, dass es vielmehr auf ein neues Kräfteverhältnis von Tier und Mensch, von Wille und Vorstellung, von Energie und Bewusstsein, von Malerei und Zeichnung ankommt. Das treiben-de Motiv, das die Komposition in Atem hält, ist die verfügbar ge-wordene Zeit, die Rastlosigkeit, die den Menschen ergriffen hat

Abb. 34 Gotthardpost auf Talfahrt, vorne in der Mitte ein Rind, (1873).
Bleistift auf Papier, Randlinie rechts, 11,7 x 20 cm.
Nachlass des Künstlers, 1905.

Abb. 35 Gotthardpost auf Talfahrt, vorne rechts ein Rind, (1873).
Bleistift auf Papier, Randlinie rechts, 11,7 x 20 cm.
Nachlass des Künstlers, 1905.

Abb. 36 Gotthardpost auf Talfahrt, (1873).
Pastell und Bleistift auf bläulichem Papier, 28,7 x 22 cm.
Nachlass des Künstlers, 1905.

und die bildnerisch durch eine korrekte Zeichnung nicht mehr zu bändigen ist. Für Linda Nochlin ist die Darstellung der Bewegung und der Zeit eines der Hauptanliegen der realistischen Malerei.[4] Die Darstellung von «wirklich existierenden Dingen», die Courbet vom Realismus forderte, soll über das bloss Sichtbare hinausweisen und das Zufällige, ebenso wie das Flüchtige, Veränderliche, Unstabile der Erscheinungen im Stadtleben wie auf dem Land umfassen. Mit der «Gotthardpost» ist Koller ein Meisterwerk gelungen, das ihn über Nacht berühmt gemacht hat. Zu Recht vertritt dieses Werk heute den schweizerischen Realismus auf seiner anspruchsvollsten Stufe als «allégorie réelle» eines sichtbar gemachten Widerspruchs, der dem Bild der modernen Wirklichkeit, geht man diesem auf den Grund, stets eingeschrieben ist. Im gleichen Jahr malte Böcklin den «Kentaurenkampf». Koller und Böcklin hatten als Kunststudenten in Düsseldorf und Brüssel die alten Meister kopiert und wurden 1848 in Paris von der Februarrevolution überrollt. Beide sind Zeitgenossen jener legendären «48er-Generation», die in der «Ecole de Barbizon» romantische und realistische Tendenzen zu einem modernen Stimmungsbild der Natur verschmolz. Im Jahr der «Gotthardpost» schrieb Koller in einem Brief: «Wir können unmöglich alles aus der Natur schöpfen. Es ist noch ein Etwas, das das Kunstwerk ausmacht, es ist die Begeisterung, mit welcher man die Natur ansieht, und diese Stimmung ist die Sprache der Zeit. Diese muss studiert sein, um verstanden zu werden.»[5]

[4] Zit. n. Nochlin 1989, S. 9 ff.

[5] Koller an Stückelberg, 1873, zit. n. Frey 1906, Der Tiermaler Rudolf Koller, S. 99.

Abb. 37 Pferde bei der Tränke, 1842.
Bleistift auf Papier, 21,8 x 28,5 cm.
Nachlass des Künstlers, 1905.

Abb. 38 Füllen von vorn, (1850).
Bleistift auf Papier, 20,8 x 13,5 cm.
Nachlass des Künstlers, 1905.

Abb. 39 Reitpferd von links, (1850).
Kohle auf Papier, 47,5 x 62,5 cm.
Nachlass des Künstlers, 1905.

Dieser Satz könnte von Böcklin stammen und zeigt die tiefe innere Verbundenheit der beiden Freunde.

«Das Bildermachen ist die Aufgabe des Malers», pflegte Koller zu sagen, «nicht das Skizzieren.»[6] Die Geringschätzung der Zeichnung als autonomes Kunstwerk teilte Koller mit Künstlern wie Millet, Delacroix, Böcklin, Marées, Puvis de Chavannes, Menzel, Hodler und Cézanne. Während unter den Skizzen und Studien dieser Maler längst ein gesicherter Bestand an Meisterwerken der Kunstgeschichte zugeführt worden ist, weiss man bei Koller nur, dass er viel und mit Leidenschaft zeichnete. Dabei ist der Umfang seines zeichnerischen Œuvres, wie es sich heute präsentiert, überschaubar. Aus dem Nachlass des Malers gelangten 67 Skizzenbücher mit insgesamt 4354 Zeichnungen aus allen Schaffensperioden in die Sammlungen des Kunsthauses. Die frühsten Skizzen sind um 1840, die spätesten Einträge um 1895 entstanden.[7] Wir wissen, dass Koller seine Skizzenbücher oft über längere Zeiträume liegen liess, dass er sie nicht von vorne nach hinten bearbeitete, sondern frei und unsystematisch über viele Jahre benutzte. Dieses Vorgehen erschwert die Datierung erheblich. Der Bestand gliedert sich zur einen Hälfte in Detail- und Kompositionsskizzen, die man Gemälden zuordnen kann, zur anderen in freie Skizzen nach Tieren, Landschaften, Figuren und Kompositionen, hinzu kommen vereinzelte Kopien nach alten Meistern und Zeitgenossen sowie Karikaturen. Das Spektrum des zeichnerischen Ausdrucks reicht von der flüchtigen Bewegungs-

[6] Zit. n. Frey 1906, Der Tiermaler Rudolf Koller, S. 79.
[7] Silvan Faessler hat diesen Bestand in einer ungedruckten Lizentiatsarbeit an der Universität Zürich 1991 erstmals erschlossen.

Abb. 40 Hirtin mit zwei Ziegen von einem Stier überrascht, (1850/52).
Schwarze Kreide und Bleistift, gewischt, Helligkeiten herausgekratzt
und geschabt, auf grundiertem Papier, 36 x 42,5 cm.
Vereinigung Zürcher Kunstfreunde.

Abb. 41 Ziegenhirtin von einem Stier überrascht, (1850/56).
Schwarze Kreide auf Papier,
Randlinie rechts, 10,3 x 16 cm.
Nachlass des Künstlers, 1905.

Abb. 42 Ein Pariser Kollege, (1867).
Bleistift auf grauem Papier, aufgezogen auf Halbkarton, 50 x 32,5 cm.
Nachlass des Künstlers, 1905.

skizze, die Koller schon früh Anerkennung eintrug, bis zur ausgeführten Studie. Die rasche Notiz mit Bleistift, mit Kreide, Kohle und Pastell, mit Feder in Tusche oder brauner Tinte, mit Pinsel in Schwarz, Grau und Deckweiss bestimmt den Gesamteindruck der Skizzenbücher. Wir lernen den Zwölfjährigen mit ersten Schülerzeichnungen kennen, begegnen dem Einfluss der Zürcher Kleinmeister, die die ersten Schritte des jungen Pferdenarren leiteten, begleiten den werdenden Künstler auf seinen Lehrjahren nach Stuttgart, an die Düsseldorfer und Münchner Akademie und erleben die turbulenten und entbehrungsreichen Monate in Paris. Auch auf späteren Reisen waren die Skizzenbücher stets treue Begleiter, in Weesen, auf dem Hasliberg und in der Richisau, in Rom und wiederholte Male in Paris. Überraschend sind die zahlreichen Skizzen mit streitenden Rittern, kämpfenden Stieren, ausbrechenden und aufbäumenden Pferden, Löwenjagden, Raubtierüberfällen, die sich vom vorherrschend friedlichen Ambiente der Kühe, Schafe und Ziegen seltsam abheben. Diese wenig bekannte dionysische Seite Kollers findet ein Echo im raschen Stimmungswechsel der Strichführung ebenso wie in der stilistischen Vielfalt der Zeichnungen. An die 370 Blätter wurden im Verlauf der letzten Jahre herausgelöst und passepartouriert. Bildmässig abgeschlossene und signierte Zeichnungen sind bei Koller die Ausnahme. Ein knappes Dutzend sind durch die Literatur bekannt. Hinzu kommen einige sorgfältig ausgeführte Figurenstudien, die in die gleiche Kategorie gehören. Eine Besonderheit ist das Zeichnen auf Tonpapier, auch «papier pelé», «papier-plâtre» oder nach dem angeblichen Erfinder «à la Desfriches»[8] genannt, bei dem auf einem mit

Abb. 43 Zürcher Bäuerin, in die Ferne blickend, 1867.
Schwarze Kreide, gewischt, und Bleistift, auf Papier.
Wz: J.WHATMAN, 58,5 x 42 cm.
Nachlass des Künstlers, 1905.

Bleiweiss grundierten und leicht getönten Kartonpapier durch Auskratzen auch Lichter erzeugt werden können (Abb.40). Diese vor 1800 in Paris wieder eingeführte, etwas glatte, dekorative Manier beherrschte Koller in den Jahren 1850 bis 1852 zur Perfektion. Am weitesten vorgewagt in das Gebiet der Franzosen hat sich Koller mit dem Künstlerportrait «Ein Pariser Kollege» von 1867 (Abb. 42). Der Kollege posiert im Malerwams, mit eleganten Hosen und aufgesetztem, leicht verbeultem Zylinder, als hätte er die Arbeit nur kurz unterbrochen. Die «soziale» Situation des Dargestellten wird nicht ausgeplaudert, nur angedeutet. Es ist der Künstler in seiner Privatsphäre, als Mann der Musse, nonchalant, selbstbewusst und anonym. Das unterkühlte, leicht ironische, gleichwohl von Sympathie getragene Verhältnis zwischen dem Zeichner und seinem Modell spricht durch die dandyhafte Lässigkeit der Haltung und Gestik: «exprimer par un geste toute une suite de sentiments»,[9] eine Kunst, die Degas und Manet in den späten sechziger und siebziger Jahren meisterhaft beherrschten. Die Befangenheit weicht sofort, wenn das Modell der heimischländlichen Umgebung entstammt. Die «Zürcher Bäuerin, in die Ferne blickend» (Abb. 43) aus dem gleichen Jahr, eine Figurenstudie zum Gemälde «Sonnenuntergang» (1868), hält den Vergleich mit den besten Zeichnungen des Jahrhunderts aus. Im strengen Umriss, in der Zentrierung und Isolierung der Figur orientiert sich Koller an den alten Meistern, interpretiert sie als Moderner aber neu, indem er die Zeichnung aus dem Papiergrund durch tonig malerische Modellierung wie aus dem

[8] Zit. n. Meder 1922, S. 89, 100.

[9] Duranty 1876. Zit. n. Ausstellungskatalog Degas. Die Portraits 1994, S. 112-113.

Abb. 44 «Bettelkind Domenica», 1869.
Schwarze und weisse Kreide, Bleistift auf rötlichem Papier, 30,3 x 22,8 cm.
Nachlass des Künstlers, 1905.

Inneren der Figur hervortreibt. Man kann sich das «stille Glück», die «innere Befriedigung» vorstellen, die der Maler beim Gelingen seiner Naturstudien genoss.[10] Die Studie wurde vom Künstler signiert, für ihn ein Zeichen, dass sie als selbständiges Werk Gültigkeit besass. Noch einmal verblüfft uns Koller mit der jungenhaften Kopfstudie des «Bettelkinds Domenica» von 1869 (Abb. 44). Er, der seine Zeichnungen ungern zeigte, beweist mit diesem Skizzenbuchblatt, dass er auch im Fach des Kinderportraits ein Wort mitzureden hatte, neben Anker und Stückelberg, Böcklin und Welti. Das Blatt entstand als Gelegenheitsskizze während seines Studienaufenthalts in Italien. Koller legt Wert auf den Namen des Kindes (kein Junge, ein Mädchen), den Ort «Porto d'Anzio», wo er glückliche Tage verbrachte, das genaue Datum «1. Mai 1869», die Abreise stand unmittelbar bevor, und das soziale Milieu, dem das Kind entstammt. Die Armut wird nicht heroisiert wie bei Léopold Robert. Was den Blick des Malers fesselt, ist der lebhafte Kontrast des dunklen krausen Haarschopfs und des träumerischen Ausdrucks, der Gegensatz von Würde und resignativer Nachdenklichkeit, die das Gesicht dieses südlichen «Sonntags»-Kinds prägen.

Im Herbst 1852 zeichnete Koller in Fly bei Weesen Seite an Seite mit Robert Zünd (Abb.45). Beide Künstler versuchten ihr Vorbild Alexandre Calame zu übertreffen, indem sie den Verismus ihrer Naturstudien auf die Spitze trieben. Schon wenige Jahre später distanzierte sich Koller von der Calam'schen «Schreibweise»,

[10] Koller an Zünd, Rom, 10.3.1869 (Zentralbibliothek Zürich, Nachlass R. Koller 105.6).

Abb. 45 Felsenstudie bei Weesen, 1852.
Bleistift auf bräunlichem Halbkarton, 31,9 x 47,2 cm.
Nachlass des Künstlers, 1905.

Abb. 46 Verschneite Tanne am Bergsee, (1851).
Pinsel in grauer und schwarzer Wasserfarbe, 17,5 x 22,8 cm.
Nachlass des Künstlers, 1905.

Abb. 47 Vier Kühe, (1869/70).
Bleistift auf Papier, 13,6 x 18,2 cm.
Nachlass des Künstlers, 1905.

fand, sie sei «nicht immer ganz wahr, ein wenig konventionell.» [11]
Koller war stets darauf bedacht, sich einschleichende Gewohn-
heiten, Moden und Manierismen abzustreifen, den Blick zu
befreien und zu erweitern. Sein Weg führte von der harten Um-
rissstudie der vierziger und frühen fünfziger Jahre zur ma-
lerischen Behandlung mit weich zeichnenden Stiften oder, was
seltener geschah, mit Pastell, Tusche und Pinsel. Doch stets
kehrte er zu seinem bevorzugten Zeicheninstrument zurück, dem
Graphitstift in verschiedenen Härtegraden, dem er bei aller
zeichnerischen Präzision auch tonige und malerische Nuancen ent-
lockte. Die «Verschneite Tanne am Bergsee» (Abb. 46),
wahrscheinlich ein Jahr vor der Weesener Studie auf dem Hasliberg entstanden, nimmt ein typisches Calam'sches Motiv auf.
Durch die Helldunkelverteilung in grossen Massen werden die
Erscheinungsformen der Natur pleinairistisch aufgelöst,
durch Anschneiden der Tanne und durch die Asymmetrie des
Naturausschnitts das Einmalige, Veränderliche der Studie
sinnfällig gemacht. Im Skizzieren der Landschaft und der Tiere
gelingt es Koller, sich von den Konventionen zu lösen und
eine eigene, malerische Vision der Dinge zu entwickeln. Als
Zwölfjähriger wusste Koller, dass er Pferdemaler werden
wollte. Das flott komponierte Bildchen «Pferde bei der Tränke»,
1842 (Abb. 37), verrät den Einfluss der Zürcher Kleinmeister
Conrad Gessner und Salomon Landolt. Koller lernte Reiten und
konnte die Pferderassen unterscheiden. An der Akademie
lernte er die Anatomie des Pferdes gründlich kennen. Auf

[11] Koller zit. n. Frey 1906, Der Tiermaler Rudolf Koller, S. 56.

Abb. 48 Sechs Ziegen, (1854).
Bleistift auf Papier, 13,8 x 18,7 cm.
Nachlass des Künstlers, 1905.

Abb. 49 Sechs ruhende Schafe, um 1860.
Bleistift auf rötlichem Papier, 21,5 x 28 cm.
Nachlass des Künstlers, 1905.

Abb. 50 Inneres einer Scheune mit Karren und Fässern, um 1860.
Schwarze Kreide mit Deckweiss gehöht auf Papier, 16 x 23,8 cm.
Nachlass des Künstlers, 1905.

diesem Fundament aufbauend, begann Koller mit dem Studium nach lebenden Tieren. Schon die ersten Versuche weisen ihn als einen Meister seines Faches aus (Abb. 38 und 39). In München und dann in Zürich liessen die Aufträge nicht auf sich warten. Koller suchte den Kontakt mit dem Tier in freier Natur, unabhängig von Auftragswerken, von Anekdoten in biedermeierlicher Beschränkung, der er in seinem selbstgebauten Refugium am Zürichhorn dann doch nicht ganz entkam. Ein wahrer Schatz an Tierstudien tut sich dem Eingeweihten in seinen Skizzenbüchern auf (Abb. 47 bis 49). Hier ist Koller ganz in seinem Element. Kein Pathos, keine Theorie, keine Spur von Anbiederung stört das Zwiegespräch zwischen Mensch und Tier. Vor der Natur sind die Bilder der Museen und die Schulung des Sehens durch die Akademie wie vergessen.

«Es ist eigentlich egal, womit man Bilder malt, mit Menschen oder Tieren, ich bin nun einmal unter Tieren aufgewachsen. Es kommt mir aber nicht auf die Kühe und ihre Rassen an, ich will grosse Formen und farbige Flecken malen.»[12] Diese erstaunliche Aussage Kollers findet in seiner Malerei wenig Vergleichbares. Betrachtet man seine Zeichnungen, dann trifft man schon früh auf Versuche, in abstrakten, vom Bildgegenstand unabhängigen «Formen und farbigen Flecken» zu «malen».

Das Motiv der Ziegenhirtin, die von einem Stier überrascht wird, führt er einmal in altmeisterlicher Manier auf «papier pelé» aus (Abb. 40), ein anderes Mal als kleines Hell-Dunkel-Drama (Abb. 41). Ein dunkler Fleck auf hellem Hintergrund «bedroht» die schräg

[12] Koller um 1863, zit. n. Fischer 1951, S.36.

unter ihm liegende helle Szene. Für Koller stand ausser Zweifel, dass eine gute Komposition nicht mit den Mitteln der Naturstudie zu erreichen war. Für das Umschaffen der Studien zu einem Bild brauchte es den «stimmungsreichen Moment», die «Begattung von Phantasie und Geist mit dem Können und Wissen». «Jedes Kunstwerk muss zuerst gedacht und empfunden werden.»[13] Im Grunde wusste sich Koller mit seinen Gegnern vom romantischen Lager, Delacroix, Preller, Schwind, Stückelberg und Böcklin, einig, wenn es um Fragen der Komposition ging. Das Poetische, wie Koller in Anlehnung an Keller es nannte, das Symbolische, wie es unter Symbolisten genannt wurde, entschied über das künstlerische Gelingen. Die «Montage» von Naturstudien zu einem Bild wie bei Courbet und Menzel lehnte Koller als unkünstlerisch ab. Das Augenleiden, das sich nach 1870 immer stärker bemerkbar machte, zwang Koller, auf Naturstudien zu verzichten. Wie er in seiner autobiografischen Aufzeichnung von 1888 festhielt, begann er in den achtziger Jahren, sich die Motive vor der Natur einzuprägen und sie im Atelier aus dem Gedächtnis zu malen. «Man ist weniger der Sklave der Natur», man konzentriert sich auf den «Gesamteindruck des Bildes». Koller ist sich bewusst, dass der Mangel an Naturstudien durch Theorie ausgeglichen werden muss. Er fürchtet, dass eine solche Kunst notwendig intellektueller und weniger allgemeinverständlich werde. «Die Formen müssen konstruiert und die Farbentöne durch die Gesetze der optischen Erscheinungen hergeleitet werden. (...) Kontraste der Formen und Farben sind mir jetzt

[13] Koller an Zünd, 1859, zit. n. Frey 1906, Der Tiermaler Rudolf Koller, S. 46.

Abb. 51 Studie zum Gemälde «Herbstweide», (1867).
Bleistift, Kohle, gewischt, mit Deckweiss gehöht,
auf grauem Papier, 29,6 x 22,6 cm.
Nachlass des Künstlers, 1905.

Abb. 52 Kämpfende Stiere, (1870).
Bleistift auf Papier, 22,7 x 13,7 cm.
Nachlass des Künstlers, 1905.

wichtiger als feine und der Natur abgelauschte Spitzfindigkei-
ten.»[14] Diese Neuorientierung in Kollers Schaffen ist nicht ganz
aus der Luft gegriffen. Postimpressionistische Theorie und
der Einfluss Böcklins, der von 1885 bis 1892 in Zürich-Hottingen
Kollers Nachbar wurde, weisen den alternden Maler auf seine
«symbolistische» Veranlagung hin. Jetzt ist die Bahn frei für das,
was Koller bei Géricault und Delacroix stets mit einer Mischung aus Bewunderung und Argwohn verfolgte und nur ungern
zugeben konnte: «Selbst angesichts der Natur schafft meine Ima-
gination das Bild.»[15] Die Fähigkeit, in dunklen und hellen Massen
zu sehen, steigerte sich mit nachlassendem Augenlicht zu zor-
nigen Kraftausbrüchen und farbigen Stimmungsbildern von luzider
künstlerischer Intensität. Das Motiv des Stierkampfs häuft
sich um 1870. Im Kraftfeld der Linien sind die Körper nur noch
angedeutet (Abb. 52). Nicht Mensch und Tier sind einander
gegenübergestellt wie bei Goya und Picasso, sondern das Tier
bleibt in seinem Element. Kraft stösst auf Gegenkraft, der
Trieb wird durch Natur gebändigt. Auf einem anderen Blatt wird
eine Reiterin von einem Stier bedroht (Abb. 53). Die zwei
schwarzen Silhouetten, flüchtig wie ein Traum, prägen sich den-
noch ein. Kontrast, Konstruktion und Reduktion binden die
Gegensätze aneinander, Verfolger und Verfolgte, Bedrohung und
Idyll. Ein letztes Aufblühen war Koller in den späten Pastellen
vergönnt. Während er sich als Maler mit grossen Formaten quälte,
gelangen ihm im Skizzenbuch elegische Idyllen von erlesener

[14] Koller, Autobiografische Aufzeichnung, zit. n. Frey 1906, Der Tiermaler
   Rudolf Koller, S. 101.
[15] Zit. n. Platschek 1997, S. 239-240.

Abb. 53 Stier und Reiterin, um 1890. Bleistift und Kohle auf gelblichem Papier, 22,8 x 28,7 cm. Nachlass des Künstlers, 1905.

Abb. 54 Kühe bei der Tränke, um 1890. Pastell auf rötlichem Papier, 21,8 x 28,8 cm. Nachlass des Künstlers, 1905.

Abb. 55 Pferdeschwemme, um 1873.
Bleistift auf Papier, 22,4 x 28,4 cm.
Nachlass des Künstlers, 1905.

Zartheit (Abb. 54). Vorbei die gewissenhafte Naturtreue, die Schrecken der schwindenden Sicht. Die Formen sind zwar verschwommen und unbestimmt, gewissermassen entmaterialisiert. Mehr denn je findet man gerade in diesen späten Bildskizzen die Essenz von Kollers Kunst, das Traumgesicht vom Irdischen Paradies, eingetaucht in Licht, wie es für Augenblicke im farbigen Reflex erscheint.

Biografie

Rudolf Ganz. Rudolf Koller, 1888.
Sammlung der Schweizerischen Stiftung für die Photographie.

1828 21. Mai: Geburt Rudolf Kollers in Zürich im Haus
«Zur Rebgrub» in der Augustinergasse, als Sohn eines Metzgers
und der Schaffhauserin Maria Ursula Forster.
Besuch der Privatschule «Zum schwarzen Garten» und später
der Elementarschule zum Fraumünster.

1840–43 Besuch der Kantonalen Industrieschule. Als Zwölfjähriger will Koller Pferdemaler werden.

1843 Ostern: Vorzeitiger Abgang von der Kantonalen Industrieschule in Zürich (die gleiche Schule hatte neun Jahre früher den
ebenfalls fünfzehnjährigen Gottfried Keller entlassen).

1843–45 Lehrjahre in Zürich beim Zeichenlehrer Jacques Schweizer, dem Portraitisten Johann Rudolf Obrist und dem Landschaftsmaler Johann Jakob Ulrich, der ihm die entscheidenden
künstlerischen Anregungen vermittelt.

1845 Pferdestudien im Gestüt des Königs von Württemberg in der
Nähe von Stuttgart. Erste Aufträge für Pferde- und Hundebilder.

1846–47 Studienaufenthalt an der Kunstakademie Düsseldorf,
Figurenklasse von Carl Ferdinand Sohn. Koller schliesst Freundschaft mit Arnold Böcklin. Anselm Feuerbach, ein Mitschüler,
bewundert Kollers Arbeit.

1847 Reise mit Böcklin nach Brüssel, anschliessend weiter nach
Antwerpen und alleine nach Paris. Kopiert niederländische

Werke des 17. Jh. im Louvre, Studium der Modernen im Luxem-
bourg, etwa des Tiermalers Jacques Raymond Brascassat, ferner
Aktstudien.

1848 April: durch Geldsorgen gezwungen zur Rückkehr nach
Zürich.

1849–50 Naturstudien auf dem Hasliberg am Brünig. Nach
einem Aufenthalt in Meiringen mit Ulrich reist er mit ihm und
Gustav Heinrich Ott nach München. Bekanntschaft mit
Johann Gottfried Steffan und Friedrich Voltz. Pferdestudien in
einem oberbayrischen Gestüt. Studienaufenthalte im tirolischen
Ötztal und auf der Zugspitze.

1851 April: wieder in Zürich ansässig. Koller befreundet sich mit
Robert Zünd und Ernst Stückelberg. Mai: Eröffnung eines
Ateliers in Zürich-Oberstrass. Grössere Aufträge für Tierbilder.
August: Handeck-Aufenthalt im Berner Oberland.

1852–53 Malt Geländestudien in engem Austausch mit
Robert Zünd am Ufer des Walensees.

1856 5. Mai: Heirat mit Bertha Schlatter. Hochzeitsreise nach
Wien, wo er bereits einige Male ausgestellt hatte.

1857 Koller malt «Kuh im Krautgarten» (Kunsthaus Zürich).
Freundschaft mit Gottfried Keller, Jacob Burckhardt und
Friedrich Theodor Vischer.

Hochzeitsfotografie, v.l.n.r.: Kollers Schwestern Emilie und Luise,
die Braut Bertha Schlatter und der Maler selbst.
Fotoarchiv Schweizerisches Institut für Kunstwissenschaft, Zürich.

Das Haus «Zur Hornau».
Fotoarchiv Schweizerisches Institut für Kunstwissenschaft, Zürich.

1858 Spätsommer: Koller weilt in der Gegend der Richisau im Glarnerland, in Begleitung von Traugott Schiess und Gustav Ott.

1862 Erwerb, Umbau und Bezug des Hauses «Zur Hornau» am Hornbach am Zürichhorn, wo er bis zu seinem Tod wohnt, arbeitet und Tiere hält, um sie möglichst genau studieren zu können. Oktober: Tod des vierjährigen Sohnes Heinrich Rudolf Emil.

1865 Bedeutendste Stiländerung im Werk Kollers, hervorgerufen durch die Begegnung mit der Pleinairmalerei der französischen Moderne.

1868–69 November bis Juni: Reise nach Italien (Florenz, Rom, Neapel). Naturstudien.

Um 1869 Koller nimmt Schüler in seinem Atelier auf: die St. Galler Rittmeyer und Traugott Schiess, Vuillermet aus Lausanne und als Begabtesten den jungen Adolf Stäbli.

1870 Ausbruch des Augenleidens, das seine Schaffenskraft zunehmend beeinträchtigt.

1872 Reise an die Riviera.

1873 Längerer Aufenthalt in Wien. Erste Fassung der «Gotthardpost» (Kunsthaus Zürich), im Auftrag der Schweizerischen Nordostbahn als Geschenk für Alfred Escher.

1874 Replik der «Gotthardpost» (Credit Suisse, Zürich).

1885–92 Böcklin in Zürich. Intensiver Kontakt mit Koller.

1888, 1891, 1894 Reisen Kollers nach München.

1898 70. Geburtstag. Am 1. Mai Eröffnung der umfassenden Werkausstellung in Zürich mit über 20'000 Besuchern. Verleihung der Ehrendoktorwürde der Universität Zürich.

1900 Letzte Reise nach Italien, letztes Treffen mit Böcklin in San Domenico bei Florenz.

1905 5. Januar: Rudolf Koller stirbt in der «Hornau». Grabmal im Friedhof Sihlfeld, Zürich, neben Gottfried Keller.

1905 Das Kunsthaus Zürich erhält ausgewählte Werke aus dem Nachlass Rudolf Kollers, darunter sieben Gemälde und siebenundsechzig Skizzenbücher aus allen Schaffensperioden des Malers, sowie Möbel und Requisiten aus dem Atelier am Zürichhorn.

1928 Hundertjahr-Ausstellung Rudolf Koller, von Wilhelm Wartmann im Kunsthaus Zürich.

1938 Kollers Atelier «Zur Hornau» beim Zürichhorn wird abgebrochen.

Rudolf Ganz. Der alte Koller in seinem Atelier in der «Hornau» an der Arbeit, 1894.

Werkliste

I. Öl auf Leinwand

Verzeichnis der Gemälde von Rudolf Koller im
Besitz des Kunsthauses Zürich. Die mit *
bezeichneten Werke sind in der Ausstellung zu
sehen:

*Bildnis Arnold Böcklin, 1847
Öl auf Leinwand auf Karton
41,5 x 31 cm
Erworben 1936
Inv. Nr. 2384

*Schimmel im Stall, 1848
Öl auf Leinwand
54,5 x 65 cm
Erworben 1850
Inv. Nr. 127

Abb. S. 32
*Liegender Windhund, 1852
Öl auf Leinwand
37 x 86 cm
Erworben 1904
Inv. Nr. 789

*Bündner Hirtenknabe, 1853
Öl auf Leinwand
54 x 48,5 cm
Schenkung J. Meyer-Tanner, 1932
Inv. Nr. 2249

Abb. S. 6
*Heuernte bei drohendem Gewitter, 1854
Öl auf Leinwand
108 x 167 cm
Leihgabe, 1920
Inv. Nr. 1384

*Heuernte bei drohendem Gewitter, 1854
Öl auf Karton
28,5 x 42 cm
Legat Marta Meyer-Wagner, 1999
Inv. Nr. 2000/16

Abendlandschaft mit Schafherde, 1855
Öl auf Holz
35 x 46 cm
Legat von Kupferstecher Rudolf
Deuzler, 1872
Inv. Nr. 335

Abb. S. 7
*Bertha Schlatter, die Braut des Künstlers, 1855
Öl auf Leinwand
116 x 85 cm
Geschenk der Gattin des Künstlers,
1905
Inv. Nr. 800

Abb. S. 10, 42
*Gletscher am Sustenpass, Studie, 1856
Öl auf Leinwand
65 x 81 cm
Leihgabe der Schweizerischen
Eidgenossenschaft, 1898
Inv. Nr. 622

*«Schnauzli», 1856
Öl auf Leinwand
84 x 100 cm
Legat H. Schulthess-von Meiss, 1898
Inv. Nr. 687

Abb. S. 9
*Heuwagen, 1856
Öl auf Leinwand
84 x 108 cm
Geschenk E. Rüegg-Honegger, 1928
Inv. Nr. 1895

Abb. S. 14
* Kuh im Krautgarten, um 1857/58
Öl auf Leinwand
100 x 81 cm
Schenkung Franz Carl Weber, 1929
Inv. Nr. 1910

Abb. S. 11
*Ahornstudie aus Richisau, 1857
Öl auf Leinwand
82 x 101 cm
Leihgabe der Schweizerischen
Eidgenossenschaft, 1898
Inv. Nr. 623

Abb. S. 13
*Krautstudie, 1857
Öl auf Leinwand
81 x 100 cm
Leihgabe der Schweizerischen
Eidgenossenschaft, 1898
Inv. Nr. 624

Bildnis der Gattin des Künstlers, 1857
Öl auf Leinwand
49 x 37 cm
Geschenk der Gattin des Künstlers,
1905
Inv. Nr. 801

Abb. S. 15, 35
*Friedli mit der Kuh, Studie, 1858
Öl auf Leinwand
81 x 100 cm
Geschenk des Stadtrates, 1898
Inv. Nr. 637

Abb. S. 16
*Mittagsruhe, 1860
Öl auf Leinwand
150 x 181 cm
Erworben 1860
Inv. Nr. 294

*Pflanzenstudie, 1862
Öl auf Leinwand
107 x 124 cm
Leihgabe der Schweizerischen
Eidgenossenschaft, 1898
Inv. Nr. 628

Abb. S. 18
*Am Zürichhorn, Studie, 1862
Öl auf Leinwand
65 x 81 cm
Erworben 1898
Inv. Nr. 729

*Schaf, Studie, 1862
Öl auf Leinwand
100 x 81 cm
Legat des Künstlers, 1905
Inv. Nr. 803

*Raubritter, Studie, um 1862
Öl auf Leinwand
55 x 46 cm
Erworben 1911
Inv. Nr. 958

Abb. S. 38
*Liegende Kuh, Studie, 1863
Öl auf Leinwand
81 x 100 cm
Erworben 1898
Inv. Nr. 728

Abb. S. 23
*Kinder vom Hasliberg, Studie, 1865
Öl auf Leinwand
59 x 73,5 cm
Leihgabe der Schweizerischen
Eidgenossenschaft, 1898
Inv. Nr. 629

Abb. S. 20
*Mädchen mit Rind, 1866
Öl auf Leinwand
61 x 50 cm
Legat H. Schulthess-von Meiss
Inv. Nr. 686

*Mutterschaf mit zwei Jungen, 1866
Öl auf Leinwand
71 x 103 cm
Legat Fräulein Sophie Susanna
Bodmer, 1959
Inv. Nr. 1959/12

*Acker- und Wiesenstudie, 1867
Öl auf Leinwand
38 x 59 cm
Legat des Künstlers, 1905
Inv. Nr. 804

Abb. S. 40
*Ackerfeldstudie: Acker im Bülacherfeld bei
Seeb, 1867
Öl auf Leinwand
38,5 x 60 cm
Legat des Künstlers, 1905
Inv. Nr. 805

Abb. S. 23
* Zwei kosende Kälblein (Studie zu «Herbst-
weide», 1867)
Öl auf Leinwand
61 x 50 cm
Legat Hans Baur-Sollberger, 1978
Inv. Nr. 1986/23

Kühe an der Tränke, Studie, 1869
Öl auf Leinwand
54 x 69 cm
Leihgabe der Schweizerischen
Eidgenossenschaft, 1898
Inv. Nr. 631

Kuh mit zwei Rindern, 1869
Öl auf Leinwand
114 x 142 cm
Erworben 1898
Inv. Nr. 730

Kühe unterm Busch, Studie, 1869
Öl auf Leinwand
32,5 x 41 cm
Legat des Künstlers, 1905
Inv. Nr. 806

*Schwarzfleckstier, Studie zu «Kühe am See», 1870
Öl auf Leinwand
53,5 x 65 cm
Erworben 1898
Inv. Nr. 731

*Kühe am See, 1870
Öl auf Leinwand
96,5 x 151 cm
Legat H. Schulthess-von Meiss, 1898
Inv. Nr. 685

Abb. S. 25
*Junge mit Schimmel, Studie, 1872
Öl auf Leinwand
54 x 65 cm
Legat des Künstlers, 1905
Inv. Nr. 807

Ruhepause, 1872
Öl auf Holz
65 x 128 cm
Vermächtnis E. Guyer-Freuler, 1929
Inv. Nr. 1911

Abb. S. 41
*Erste Skizze zur Gotthardpost, 1873
Öl auf Leinwand
32,5 x 41 cm
Leihgabe der Gottfried Keller-
Stiftung, 1896
Inv. Nr. 604

Abb. S. 27
* Die Gotthardpost, 1873
Öl auf Leinwand
117 x 100 cm
Geschenk Dr. Emil Welti, 1898
Inv. Nr. 639

* Die Gotthardstrasse, Studie, 1873
Öl auf Leinwand
54 x 65 cm
Erworben 1905
Inv. Nr. 811

Abb. S. 39
* Kühe mit Kindern und Enten am Wasser beim
Zürichhorn, 1876?
Öl auf Leinwand
70 x 100 cm
Geschenk der Erben von Robert
Müller-Keyser, 1973
Inv. Nr. 1973/8

Abb. S. 30
*Herbstabend, 1879
Öl auf Leinwand
95 x 146 cm
Erworben 1879
Inv. Nr. 404

*Sonnenuntergang am Zürichhorn, 1881
Öl auf Leinwand
116 x 142 cm
Legat Prof. Dr. U. Krönlein, 1911
Inv. Nr. 941

*Viehherde am See, 1883
Öl auf Leinwand
191 x 240,5 cm
Erworben aus dem Legat des Malers
Rudolf Holzhalb, 1886
Inv. Nr. 452

Auf dem Felde, 1886
Öl auf Leinwand
193 x 314 cm
Geschenk des Künstlers, 1898
Inv. Nr. 638

Kuh im Baumgarten, 1890
Öl auf Leinwand
119 x 141 cm
Legat E. Honegger, 1911
Inv. Nr. 955

Viehherde auf der Kleinen Scheidegg, 1897
Öl auf Leinwand
133,5 x 166 cm
Leihgabe des Kantons Zürich, 1898
Inv. Nr. 636

Kuhkopf
Öl auf Leinwand auf Holz
16 x 21 cm
Erworben 1918
Inv. Nr. 1206

In der Ausstellung gezeigte Gemälde von Rudolf Koller aus anderen Schweizer Sammlungen:

Selbstbildnis im Alter von 16 Jahren, 1844
Öl auf Leinwand
70 x 57 cm
Privatbesitz

Botenwagen im Hohlweg, 1855
Öl auf Leinwand
102,5 x 123,5 cm
Öffentliche Kunstsammlung Basel,
Kunstmuseum

Abb. S. 19
Idylle am Hasliberg, 1864
Öl auf Leinwand
238 x 208 cm
Kunstmuseum St. Gallen, Schenkung
Theodor Beck, 1866

Auf der Weide, 1866
Öl auf Leinwand
72 x 103 cm
Öffentliche Kunstsammlung Basel,
Kunstmuseum

Mädchen mit Rind und Kuh, 1866
Öl auf Leinwand
61,5 x 51,5 cm
Privatbesitz

Abb. S. 22
Herbstweide, 1867
Öl auf Leinwand
256 x 206 cm
Museum Oskar Reinhart am Stadt-
garten, Winterthur

Abb. S. 24
Mittagsmahl auf dem Felde, 1869
Öl auf Leinwand
132,5 x 195,5 cm
Kunstmuseum Luzern, Depositum
der Eidgenössischen Gottfried Keller-
Stiftung

Abb. S. 26
Zweispännige Gotthardpost, 1873
Öl auf Leinwand
91 x 73 cm
Privatbesitz

Bildnis einer jungen Frau, 1889
Öl auf Leinwand
45,5 x 38 cm
Museum Oskar Reinhart am
Stadtgarten, Winterthur

II. Arbeiten auf Papier

In der Graphischen Sammlung des Kunsthauses
Zürich befinden sich 67 Skizzenbücher mit
4354 Skizzen von Rudolf Koller, davon 370 passepartouriert.

**Ausgestellte Arbeiten auf Papier von
Rudolf Koller aus der Graphischen Sammlung
des Kunsthauses:**

Abb. S. 51
Pferde bei der Tränke, 1842
Bleistift auf Papier
21,8 x 28,5 cm
Nachlass des Künstlers, 1905
Z.Inv. A.B. 1885

Der Bote von Horgen, 1842
Bleistift auf Papier
20,7 x 28,5 cm
Nachlass des Künstlers, 1905
Z.Inv. A.B. 1914

Zwei Hundeköpfe, 1843
Bleistift auf Papier
25,3 x 36,4 cm
Nachlass des Künstlers, 1905
Z.Inv. A.B. 1034

**Bildnis der Schwester Luise, Brustbild nach
links, (1843)**
Bleistift auf Papier
38 x 27,8 cm
Nachlass des Künstlers, 1905
Z.Inv. A.B. 1875

Selbstbildnis, (1844/47)
Bleistift, mit weisser Kreide gehöht,
auf bräunlichem Papier
21,8 x 17,3 cm
Nachlass des Künstlers, 1905
Z.Inv. A.B. 1873a

Maler vor der Staffelei, (1848)
Bleistift und schwarze Kreide auf
Papier
23 x 16 cm
Nachlass des Künstlers, 1905
Z.Inv. A.B. 1877a

Abb. S. 51
Füllen von vorn, (1850)
Bleistift auf Papier
20,8 x 13,5 cm
Nachlass des Künstlers, 1905
Z.Inv. A.B. 1913

Abb. S. 52
Reitpferd von links, (1850)
Kohle auf Papier
47,5 x 62,5 cm
Nachlass des Künstlers, 1905
Z.Inv. A.B. 1933

Abb. S. 53

**Hirtin mit zwei Ziegen von einem Stier über-
rascht, (1850/52)**
Schwarze Kreide und Bleistift,
gewischt, Helligkeiten herausgekratzt
und geschabt, auf grundiertem Papier
36 x 42,5 cm
Vereinigung Zürcher Kunstfreunde
Z.Inv. 1964/2

Abb. S. 53

**Ziegenhirtin von einem Stier überrascht,
(1850/56)**
Schwarze Kreide auf Papier,
Randlinie rechts
10,3 x 16 cm
Nachlass des Künstlers, 1905
Z.Inv. A.B. 1935

Abb. S. 57

Verschneite Tanne am Bergsee, (1851)
Pinsel in grauer und schwarzer
Wasserfarbe
17,5 x 22,8 cm
Nachlass des Künstlers, 1905
Z.Inv. A.B. 1945

Abb. S. 57

Felsenstudie bei Weesen, 1852
Bleistift auf bräunlichem Halbkarton
31,9 x 47,2 cm
Nachlass des Künstlers, 1905
Z.Inv. A.B. 1886

Baumstudie bei Weesen, 1852
Bleistift auf bräunlichem Halbkarton
47 x 31,3 cm
Nachlass des Künstlers, 1905
Z.Inv. A.B. 1887

**Skizze zum Gemälde «Weidende Herde mit
Hirtin und Kind in lichtem Bergwald», (1854)**
Schwarze Kreide auf Papier, links
und rechts Randlinien
21,8 x 33,6 cm
Nachlass des Künstlers, 1905
Z.Inv. A.B. 1898a

**Skizze zum Gemälde «Weidende Herde mit
Hirtin und Kind in lichtem Bergwald», (1854)**
Schwarze Kreide auf Papier
21,9 x 34 cm
Nachlass des Künstlers, 1905
Z.Inv. A.B. 1900

Abb. S. 59

Sechs Ziegen, (1854)
Bleistift auf Papier
13,8 x 18,7 cm
Nachlass des Künstlers, 1905
Z.Inv. A.B. 1927

Die Löwenjagd, 1855
Kohle auf Papier
150 x 300 cm
Geschenk des Künstlers, 1855
Inv. Nr. 223

**Stehender Hirtenknabe, die rechte Hand aufs
Knie gestützt, (1855/60)**
Bleistift auf Papier
20,2 x 13,2 cm
Nachlass des Künstlers, 1905
Z.Inv. A.B. 1880a

Sitzender Hirtenknabe von vorn, (1855/60)
Bleistift auf Papier
20,7 x 13,3 cm
Nachlass des Künstlers, 1905
Z.Inv. A.B. 1881a

Senn mit Tragreff von vorne, (1858)
Bleistift auf Papier
25,5 x 17,2 cm
Nachlass des Künstlers, 1905
Z.Inv. A.B. 1882a

Sitzende Haslitalerin von vorne, (1860)
Bleistift auf Papier
40,9 x 27,8 cm
Nachlass des Künstlers, 1905
Z.Inv. A.B. 1889

Studie zum Gemälde «Mittagsruhe», (1860)
Bleistift, stellenweise Deckfarbe auf
rötlichem Papier
29,8 x 38,3 cm
Nachlass des Künstlers, 1905
Z.Inv. A.B. 1936

**Skizze zum Gemälde «Sennenfamilie auf der
Weide», um 1860**
Bleistift auf Papier
20,6 x 28,1 cm
Nachlass des Künstlers, 1905
Z.Inv. A.B. 1897

Kühe und Schafe, um 1860
Bleistift auf Papier
21,1 x 28,1 cm
Nachlass des Künstlers, 1905
Z.Inv. A.B. 1904a

Abb. S. 60

**Inneres einer Scheune mit Karren und Fässern,
um 1860**
Schwarze Kreide mit Deckweiss
gehöht auf Papier
16 x 23,8 cm
Nachlass des Künstlers, 1905
Z.Inv. A.B. 1909

Sechs Schafe, um 1860
Bleistift auf rötlichem Papier
21,5 x 28,1 cm
Nachlass des Künstlers, 1905
Z.Inv. A.B. 1917

Abb. S. 59

Sechs ruhende Schafe, um 1860
Bleistift auf rötlichem Papier
21,5 x 28 cm
Nachlass des Künstlers, 1905
Z.Inv.A.B.1918

**Skizze zum Gemälde «Rind am Weidhag»,
(1860/63)**
Bleistift auf Papier, Randlinien
10,3 x 16 cm
Nachlass des Künstlers, 1905
Z.Inv. A.B. 1921

**Wäscherin und Kind mit weidendem Vieh am
Wasser, (1860/65)**
Bleistift auf Papier, Randlinie links
10,4 x 16,4 cm
Nachlass des Künstlers, 1905
Z.Inv. A.B. 1923

Skizze zum Gemälde «Raubritter», (1862)
Bleistift auf Papier
22,5 x 18,8 cm
Nachlass des Künstlers, 1905
Z.Inv. A.B. 1916

Kühe am Wasser, um 1865
Schwarze Kreide auf Papier
18 x 29,3 cm
Nachlass des Künstlers, 1905
Z.Inv. A.B. 1899a

Skizze zum Gemälde «Weidende Kühe und
ruhender Hund», (1865/70)
Schwarze Kreide auf Papier
10,5 x 16,7 cm
Nachlass des Künstlers, 1905
Z.Inv. A.B. 1894

Abb. S. 54
Ein Pariser Kollege, (1867)
Bleistift auf grauem Papier, aufgezogen
auf Halbkarton
50 x 32,5 cm
Nachlass des Künstlers, 1905
Z.Inv. A.B. 1890

Abb. S. 61
Studie zum Gemälde «Herbstweide», (1867)
Bleistift, Kohle, gewischt, mit Deck-
weiss gehöht, auf grauem Papier
29,6 x 22,6 cm
Nachlass des Künstlers, 1905
Z.Inv. A.B. 1905a

Abb. S. 55
Zürcher Bäuerin, in die Ferne blickend, 1867
Schwarze Kreide, gewischt, und Blei-
stift, auf Papier. Wz: J.WHATMAN
58,5 x 42 cm
Nachlass des Künstlers, 1905
Z.Inv. A.B. 1934

Abb. S. 56
«Bettelkind Domenica», 1869
Schwarze und weisse Kreide, Blei-
stift auf rötlichem Papier
30,3 x 22,8 cm
Nachlass des Künstlers, 1905
Z.Inv. A.B. 1871a

Zehn Kühe, (1869/70)
Bleistift auf Papier
13,2 x 42 cm
Nachlass des Künstlers, 1905
Z.Inv. A.B. 1925

Abb. S. 58
Vier Kühe, (1869/70)
Bleistift auf Papier
13,6 x 18,2 cm
Nachlass des Künstlers, 1905
Z.Inv. A.B. 1932

Drei Kühe, (1869/70)
Bleistift auf Papier
13,2 x 20 cm
Nachlass des Künstlers, 1905
Z.Inv. A.B. 1926

Abb. S. 62
Kämpfende Stiere, (1870)
Bleistift auf Papier
22,7 x 13,7 cm
Nachlass des Künstlers, 1905
Z.Inv. A.B. 1872a

Sennenfamilie und ihr Vieh, um 1870
Bleistift auf Papier, Randlinien
24,6 x 18,8 cm
Nachlass des Künstlers, 1905
Z.Inv. A.B. 1895a

Reitpferd von rechts, um 1870
Bleistift auf Papier
20,7 x 28,5 cm
Nachlass des Künstlers, 1905
Z.Inv. A.B. 1915

Abb. S. 45
Kutsche in einer Rechtskurve, (1873)
Bleistift, Randlinien oben und unten
Bild: 12 x 19,8 cm
Nachlass des Künstlers, 1905
Z.Inv. A.B. 1944

Kutsche mit zwei Pferden, (1873)
Bleistift auf Papier, oben und unten
Randlinien
12 x 19,8 cm
Nachlass des Künstlers, 1905
Z.Inv. A.B. 1906a

Abb. S. 48
Gotthardpost vor einem Gasthaus, (1873)
Bleistift auf Papier
11,9 x 19,8 cm
Nachlass des Künstlers, 1905
Z.Inv. A.B. 1907

Abb. S. 49
Gotthardpost auf Talfahrt, vorne in der Mitte
ein Rind, (1873)
Bleistift auf Papier, Randlinie rechts
11,7 x 20 cm
Nachlass des Künstlers, 1905
Z.Inv. A.B. 1908

Abb. S. 49
Gotthardpost auf Talfahrt, vorne rechts ein
Rind, (1873)
Bleistift auf Papier, Randlinie rechts
11,7 x 20 cm
Nachlass des Künstlers, 1905
Z.Inv. A.B. 1911

Abb. S. 50
Gotthardpost auf Talfahrt, (1873)
Pastell und Bleistift auf bläulichem
Papier
28,7 x 22 cm
Nachlass des Künstlers, 1905
Z.Inv. A.B. 1938

Abb. S. 47
Skizze zum Gemälde «Die Gotthardpost», (1873)
Bleistift auf bläulichem Papier
22,8 x 28,7 cm
Nachlass des Künstlers, 1905
Z.Inv. A.B. 1940b

Abb. S. 46
Skizze zum Gemälde «Die Gotthardpost», (1873)
Bleistift auf bläulichem Papier
22,8 x 28,7 cm
Nachlass des Künstlers, 1905
Z.Inv. A.B. 1941a

Abb. S. 65

Pferdeschwemme, um 1873
Bleistift auf Papier
22,4 x 28,4 cm
Nachlass des Künstlers, 1905
Z.Inv. A.B. 1902a

Figurenstudie zum Gemälde «Fröhliche Heimkehr», 1874
Bleistift auf Halbkarton
32,8 x 46,2 cm
Nachlass des Künstlers, 1905
Z.Inv. A.B. 1891

Skizze zum Gemälde «Reiter mit Kühen und Hirtin am Zürichsee», (1875/80)
Bleistift auf hellblauem Papier
11,4 x 20 cm
Nachlass des Künstlers, 1905
Z.Inv. A.B. 1919

Skizze zum Gemälde «Kühe mit Hirtin am See», (1884)
Bleistift und Kohle auf bläulichem Papier
Bild: 28,6 x 29,7 cm
Nachlass des Künstlers, 1905
Z.Inv. A.B. 1943

Skizze zum Gemälde «Flucht vor dem Stier», um 1890
Bleistift auf Papier
28,2 x 21,6 cm (Doppelseite)
Nachlass des Künstlers, 1905
Z.Inv. A.B. 1903a

Gewitterwolken über südlicher Landschaft, um 1890
Pastell, Kohle, Bleistift und Deckfarbe auf bläulichem Papier
22 x 28,7 cm
Nachlass des Künstlers, 1905
Z.Inv. A.B. 1937

Abb. S. 64

Kühe bei der Tränke, um 1890
Pastell auf rötlichem Papier
21,8 x 28,8 cm
Nachlass des Künstlers, 1905
Z.Inv. A.B. 1939

Abb. S. 63

Stier und Reiterin, um 1890
Bleistift und Kohle auf gelblichem Papier
22,8 x 28,7 cm
Nachlass des Künstlers, 1905
Z.Inv. A.B. 1942

Schlacht am Morgarten
Kohle auf Papier, weiss gehöht
50 x 65 cm
Geschenk Dr. Konrad Rahn, 1910
Inv. Nr. 921

Tieridylle, Kühe und Hund
Kohle auf Papier
150 x 160 cm
Geschenk des Künstlers
Inv. Nr. 224

Ausgestellte Arbeiten auf Papier von Rudolf Koller aus anderen Schweizer Sammlungen:

Nachbarshunde, 1852
Kreidelithografie, überarbeitet mit schwarzer Lithokreide
31,9 x 40,5 cm
Öffentliche Kunstsammlung Basel, Kupferstichkabinett

III. In der Ausstellung gezeigte Dokumente und Objekte aus der Lebenszeit Rudolf Kollers:

Brief von R. Koller an R. Zünd, November 1852
1 Doppelblatt, 27 x 20,5 cm
S. 1 Federzeichnung (braune Tinte) mit Bleistift, 16 x 20,5 cm
S. 3 Federzeichnung (braune Tinte), 12 x 20,5 cm
Zentralbibliothek Zürich,
Nachl. R. Koller 105.6 Nr. 1

Medaille, achteckig
14 cm, in grauem Etui, zweiseitig zu öffnen, München 1876, «DEM VERDIENSTE»,
Zentralbibliothek Zürich,
Nachl. R. Koller 507

Medaille, rund
8 cm, in rotem Etui, Exposition universelle internationale de 1878, Paris,
Zentralbibliothek Zürich,
Nachl. R. Koller 502

Brille mit Etui
13 x 4,5 cm, mit Aufschrift «Th. Ernst, Optiker, Zürich»
Zentralbibliothek Zürich,
Nachl. R. Koller 513

10 Postkarten zum Koller-Jubiläum 1898
10 Postkarten mit Couvert, 15 x 10 cm
Zentralbibliothek Zürich,
Nachl. R. Koller 301.4

Project zu Wohnhaus und Ateliers für Hrn. R. Koller
Federzeichnung, aquarelliert
31 x 40 cm
Zentralbibliothek Zürich,
Nachl. R. Koller 8a

Julius Stadler
Ansicht der Südseite, 1862
Aquarell, 46 x 67 cm
Zentralbibliothek Zürich,
Nachl. R. Koller 8d

Wilhelm Ludwig Lehmann
Das Atelier des Tiermalers Rudolf Koller, 1894
Aquarell, 27,2 x 38,2 cm
Kunsthaus Zürich, Geschenk des Künstlers

Der alte Koller im Atelier
Zwei Originalphotographien
je 11,8 x 16 cm
Fotoarchiv Schweizerisches Institut für Kunstwissenschaft, Zürich

Ausgewählte Monografien und Aufsätze

Oskar Bätschmann, Malerei der Neuzeit, Ars Helvetica, Bd. 6, Disentis, 1989.

Arnold Böcklin, Artikel in: Neue Zürcher Zeitung, 25. 11. 1886.

Eduard Briner, Rudolf Koller, Sechs farbige Wiedergaben seiner Werke, mit einer Einführung von Eduard Briner, Zürich, 1944.

Dorothea Christ, Rudolf Koller, Zweispännige Gotthardpost, Schweizer Maler, 100 ausgewählte Titelbilder des Schweizerischen Beobachters, Glattbrugg, 1976, S. 18.

Edmond Duranty, La Nouvelle Peinture, Paris, 1876.

Silvan Faessler, Rudolf Koller, Ungedruckte Lizentiatsarbeit an der Universität Zürich, Zürich, 1991.

Marcel Fischer, Rudolf Koller, Zürich, 1951.

Gustav Floerke, Zehn Jahre mit Böcklin, München, 1902.

Adolf Frey, Der Tiermaler Rudolf Koller, Stuttgart/Berlin, 1906.

Adolf Frey, Aus den Briefen Rudolf Kollers, in: Süddeutsche Monatshefte, 3 (1906), 2.

Adolf Frey, Der Tiermaler Rudolf Koller: 1828–1905; Monographien zur Schweizer Kunst, Bd. 5, 2. Aufl. Zürich/Leipzig, 1928.

Andres Furger, Der Gotthard-Postwagen, Herausgeber Schweizerisches Landesmuseum, Zürich, 1990.

E. H. Gombrich, Dark Varnishes: Variatons on a Theme from Pliny, in: The Burlington Magazine, (1962) 1.

Josef Grünenfelder, «Mittagsruhe» von Rudolf Koller: ein ursprüngliches Ausstattungsstück (Gemälde) der Villette kehrt nach Cham zurück, in: Tugium 13, (1997) S. 73–74.

N. Gutman, M. Tucker, Thomas Eakins and the pursuit of 'True Tones', Vortrag anlässlich des Symposiums «The 30th Meeting – American Institute of Historic & Artistic Works», Miami, 2002.

Jörg Huber, Rudolf Koller 1828–1905, Einführung in Leben und Werk, Bildbeschreibungen: Jörg Huber, Glattbrugg, 1983.

Walter Hugelshofer, Rudolf Koller, Schweizer Künstler, Zürich, 1942.

Gottfried Keller, Ein bescheidenes Kunstreischen, Nachgelassene Schriften und Dichtungen, Herausgeber J. Bächtold, 1881, S. 228.

Dieter Koepplin, Zu Böcklins Zeichnungen und Kritzeleien, in: Ausstellungskatalog Arnold Böcklin, 1827–1901, Gemälde, Zeichnungen, Plastiken, Ausstellung zum 150. Geburtstag, Kunstmuseum Basel, Basel, 1977.

Wilhelm Ludwig Lehmann, Rudolf Koller, in: Neujahrsblatt der Zürcher Kunstgesellschaft, 1908. Zürich, 1908.

M. Leonard, N. Khandekar, D. W. Carr, Amber Varnish and Orazio Gentileschi, in: The Burlington Magazine, (2001) 1.

Hans A. Lüthy, Rudolf Koller, Aus seinen Skizzenbüchern, ausgew. und eingel. von Hans A. Lüthy, Zürich, 1966.

Joseph Meder, Die Handzeichnung, ihre Technik und Entwicklung, Wien, 1922.

Alfred Messerli, Walter Baumann, Rudolf Koller, Zürichs zürcherischster Künstler, in: Turicum, (1983) S. 12–20.

Linda Nochlin, Il realismo nella pittura europea del XIX secolo, Torino,1989

Hans Platschek (Hrsg.), Eugène Delacroix, Eine Auswahl aus den Tagebüchern, Frankfurt am Main, 1997.

J. D. Regnier, De la lumière et de la couleur chez les grands maîtres anciens, Paris, 1865.

Robert Sallmann, Begegnungen mit Kutschenbildern, Amriswil, 1998.

Wilhelm Wartmann, Zum Werk von Rudolf Koller, in: Jahresbericht der Zürcher Kunstgesellschaft, 1911, Zürich, 1911.

Franz Zelger, Schweizer Maler des 18. und 19. Jahrhunderts, Bd.1, Kataloge Schweizer Museen und Sammlungen, Herausgeber Stiftung Oskar Reinhart, Winterthur, in Zusammenarbeit mit dem Schweizerischen Institut für Kunstwissenschaft, Zürich, 2., verbesserte Auflage, Zürich, 1981.

Ausgewählte Schriften Kollers

Briefwechsel Kollers, Zentralbibliothek Zürich, Nachl. R. Koller 105.6.

Ausgewählte Ausstellungskataloge (chronologisch)

Rudolf Koller Jubiläums-Ausstellung vom 1. Mai – 12. Juni 1898 in Zürich, Künstlerhaus, Börsensaal und Atelier am Zürichhorn, Ausstellungskatalog, Herausgeber Zürcher Kunstgesellschaft, Zürich, 1898.

Hundertjahr-Ausstellung Rudolf Koller vom 9. Dezember 1928 – 20. Januar 1929 in Zürich, Ausstellungskatalog, Herausgeber Kunsthaus Zürich, Zürich, 1928.

Rudolf Koller Ausstellung vom 17. September – 16. Oktober 1938 in der Kunsthalle Basel, Ausstellungskatalog, Basel, 1938.

Rudolf Koller Ausstellung, 11. Juni – Ende August 1966 im Helmhaus Zürich, Ausstellungskatalog, Herausgeber Zürcher Kunstgesellschaft, Zürich, 1966.

Degas, Die Portraits, 2. Dezember 1994 – 5. März 1995 im Kunsthaus Zürich, Ausstellungskatalog, Herausgeber Felix Baumann und Marianne Karabelnik, Zürich, 1994.

Von Anker bis Zünd: die Kunst im jungen Bundesstaat, 1848 – 1900, vom 13. Februar – 10. Mai 1998 im Kunsthaus Zürich, Ausstellung und Katalog: Christian Klemm, Herausgeber Kunsthaus Zürich, Zürich, 1998.

Fotonachweis

Seite 19   Kunstmuseum St. Gallen, Foto Gross, St. Gallen (Abb. 11).

Seite 22   Museum Oskar Reinhart am Stadtgarten, Winterthur (Abb. 13).

Seite 24   Kunstmuseum Luzern (Abb. 16).

Seite 66   Schweizerische Stiftung für die Photographie.

Seite 67, 68 Fotoarchiv Schweizerisches Institut für Kunstwissenschaft, Zürich.

Alle anderen Abbildungen: Kunsthaus Zürich.

Impressum

Herausgegeben vom Kunsthaus Zürich anlässlich der Ausstellung Rudolf Koller, 18. 12. 2002 – 2. 3. 2003.

Ausstellung und Katalog: Christoph Becker in Zusammenarbeit mit Bernhard von Waldkirch und Paul Pfister

Projektassistenz Sabina Nänny und Susan Manthey

Katalog

Dokumentation Cécile Brunner

Gestaltung HESSKISS Werbeagentur AG

Lithographie und Druck Visiolink AG, Zürich, Printlink AG, Wetzikon

Papier Phoenix Imperial 150 gm²

Schrift Kunsthaus Zürich Roman und Bold, Maximus

ISBN 3-906574-17-2

Texte: © 2002 Kunsthaus Zürich und Autoren für die Texte von Christoph Becker, Paul Pfister, Bernhard von Waldkirch.

Reproduktionen: © 2002 Kunsthaus Zürich, Kunstmuseum St. Gallen, Museum Oskar Reinhart am Stadtgarten, Winterthur, Kunstmuseum Luzern und private Leihgeber für die Werke von Rudolf Koller.

Ausstellung

Technische Gesamtleitung Robert Brändli

Technisches Team Mark Fischer, Marcel Manderscheid, Fredi Pfenninger, Armin Simon, Kurt Stäheli, Robert Sulzer

Restauratorische Betreuung Paul Pfister und Jean Rosston

Transport und Versicherung Gerda Kram

Museumspädagogik Hans Ruedi Weber und Sibyl Kraft

Öffentlichkeitsarbeit Björn Quellenberg und Katalin Szabó

Sponsoring Monique Spaeti

Umschlag Kuh im Krautgarten, um 1857/58.